四川省哲学社会科学重点研究基地
四川省教育厅人文社会科学重点研究基地
中国盐文化研究中心资助项目（项目编号YWHZX21-01）

石说盐语
——自贡盐业碑刻研究

彭雨禾　陈述琪　著

西南交通大学出版社
·成都·

图书在版编目（ＣＩＰ）数据

石说盐语：自贡盐业碑刻研究 / 彭雨禾，陈述琪著
. —成都：西南交通大学出版社，2022.8
ISBN 978-7-5643-8815-7

Ⅰ．①石… Ⅱ．①彭… ②陈… Ⅲ．①盐业史 – 史料
– 自贡②碑刻 – 研究 – 自贡 Ⅳ．①F426.82②K877.424

中国版本图书馆 CIP 数据核字（2022）第 136778 号

Shishuo Yanyu
—Zigong Yanye Beike Yanjiu

石说盐语
—— 自贡盐业碑刻研究

彭雨禾　陈述琪　著

责任编辑	何宝华
助理编辑	周媛媛
封面设计	原创动力

出版发行	西南交通大学出版社
	（四川省成都市金牛区二环路北一段 111 号
	西南交通大学创新大厦 21 楼）
邮政编码	610031
发行部电话	028-87600564　028-87600533
网址	http://www.xnjdcbs.com
印刷	四川森林印务有限责任公司

成品尺寸	185 mm × 260 mm
印张	16
字数	287 千
版次	2022 年 8 月第 1 版
印次	2022 年 8 月第 1 次
书号	ISBN 978-7-5643-8815-7
定价	69.00 元

"中国盐文化研究中心丛书"缘起

　　盐，历来被称为"百味之祖""食肴之将""国之大宝"，它不仅是维持人体及其他许多生命体内部机能正常运行不可缺少的重要元素，也是人类先祖们得以生存和生活，进而创造出光辉灿烂的早期文明的源泉。盐资源的开发利用推动了人类社会文明的发展。人类早期的集居和城市的形成都和盐有着密切的关系，都和盐的感召力密不可分，比如长江流域及北方早期文化遗存都集聚在天然盐池、盐泉的周围，尧、舜、禹围绕解池而建都为其典型之例，而南方"天府之国"的由来也与蜀中盐铁之利的开发与利用息息相关。同时，人类早期的战争也缘起于对盐这一特殊资源的争夺和控制，炎帝与黄帝正是为争夺山西池盐而演绎了"中华第一战"。进入阶级社会后，盐税成为了国家财政收入的三大支柱之一，出现了"天下之赋，盐利居半"的繁荣局面；在传统的封建社会里，盐业、盐利成为了直接影响社会稳定与政权安危的重要因素，如强盛的大唐帝国在盐利的枯竭中走向衰微。进入现代社会后，盐仍然居于五大基本工业原料（盐、铁、石油、石灰石、硫磺）之列，其产量、消费量与使用方式是反映一个国家工业发展水平的标志之一。且盐产品已达14 000多种，是人们赖以生存和发展的不可替代的宝贵资源。即便在21世纪的今天，盐对于人类自身生存与健康和经济社会的进步发展的作用并没有因为科技的高度发达和信息的畅通无阻而黯然失色，反而更加熠熠生辉，因为其在人类历史上彰显于政治、经济、科技、军事、法律、教育、卫生、饮食、旅游、宗教、文学艺术、民族民俗、城市发展、生态环境等诸多领域的深刻影响和巨大作用，其所拥有的丰厚而独特的文化特征与内涵，正在日渐被人们认识、了解和挖掘。

　　正是中国盐文化所蕴含的特殊价值令历代的学者们倾注了无限的精力去探究其历

史价值、科学价值和人文精神，近半个世纪以来，国内外学者对盐资源的开发利用进行了不懈的探索，把中国盐业历史，尤其是盐业经济史和盐业科技史的研究推向了一个新的高峰，取得了丰硕的成果，使得中国盐业研究的学术地位明显提升，影响力也大为增强。但总体来看，中外学者们主要是把盐当作社会经济部门或行业部门加以研究的，而较少从文化视角对盐资源的开发利用进行全方位的探讨，忽略了盐这一特殊资源在推动人类文明发展的漫长历史过程中所孕育、派生出来的独树一帜、风情万种的"盐文化"这一现象，从而使丰富多彩的盐文化内涵至今没有得到足够的重视且没有进行深入的研究。与此同时，在该领域的学术研究中还有研究信息不畅、与企业界沟通不够、对外交流乏力和后继力量不足等问题。可见，中国盐文化这座可以供人文社会科学与自然科学多学科共同研究的富矿还有待不断挖掘和开发，盐文化学科体系在中国还远未建立。对盐资源的开发利用进行广义文化学研究十分必要和重要，更具有很高的学术性、创新性和现实意义。

四川省的井盐文化研究开始较早，有专门的研究机构和一支水平较高的研究队伍，创办了国内外公开发行的专业研究刊物。20世纪80年代以来，不仅成功地举办了首届"中国盐业史国际学术研讨会"，在盐业经济和盐业科技等研究领域还出版了诸如《川盐史论》《滇盐史论》《中国井盐科技史》《四川井盐史论丛》《中国古代井盐工具研究》《中国盐业历史》《中国盐业经济》《中国盐业史论丛》《中国自贡盐》等富于创新的成果，受到学界的普遍关注和好评。鉴于四川历史文化内涵的特殊价值和文献资源的优势，地方高校也成立了"地方历史文化研究室""中国盐文化研究所"等机构专门从事四川近现代史、城市史和盐文化研究。2005年，四川理工学院在整合内部资源的基础上，在省内外盐史研究专家的大力支持下，联合自贡盐业历史博物馆、四川久大盐业（集团）公司共同组建了"中国盐文化研究中心"（以下简称"中心"），从广义文化学的角度对围绕盐资源的开发利用而产生的诸种文化形态展开研究。同年9月，该中心被认定为四川省教育厅人文社会科学重点研究基地。2007年10月，该中心被认定为四川省哲学社会科学重点研究基地。近三年来，在省教育厅的关怀支持下，在四川理工学院的领导和共建单位的协同努力下，中心充分利用各种有利条件，抓住机遇，强化研究队伍，逐步形成规范化、制度化的管理，坚持走"产、学、研"一体化道路，在整合省内外高校及有关科研机构的盐文化研究力量、促进盐业企业和地方文化建设等方面取得了可观的成绩，尤其在盐文化、盐业契约、盐业生产关系、盐业旅游等研究领域取得了可喜的成果：中心发布了两次课题指南，评审通过立项28个项目，研究总经费近60万；中心专兼职研究人员承担并完成了省部级科研项目8项，其他纵向、横向项目24项，研究经费51万；研究开发了"中国盐文化特色数据库"；出版了《中国盐业契约论》《从远古走向现代——长江三峡地区盐业发展史研究》《盐文化研究论丛》（第一辑、第二辑）、《西秦会馆》《遍地盐井的都市》《生命的盐》《中国盐业人物》《自贡休闲旅游》9部专编著；在《四川理工学院学报》社科版开辟并主持"盐文化研究专栏"；中心还与省内外多所高校及科研机构、研究中心、盐业机构等建立起资源共享、信息畅通的合作平台。中心作为省级重点科研平台，有力地支持了四川理工学院的历史学、法学、文学、经济学、社会学、旅游学、民俗学等学科的建设。目前，中心按照发展规划，制定了从政治、经济、科技、军事、文化、艺术、民俗、旅游、宗教等方面进行跨学科综合研究的计划，朝着"省内一流、国内知名"的哲学社会科学重点研究基地的目标前进。

"中国盐文化研究中心丛书"旨在推动对中国盐文化进行深入、系统、全面的综合性研究，推进学术观点创新、学科体系创新和科研方法创新，展示本领域研究基础研究与应用研究的最新成果，推动中国盐文化研究的更深入发展，为行业改革、产业结构和产品结构的调整以及地方经济社会的繁荣发展尽绵薄之力。因此，"中国盐文化研究中心丛书"拟陆续出版中心审批立项资助的研究项目的最终成果和中心专兼职研究员的相关成果。我们真诚地希望得到中心专兼职人员、学界同仁，以及社会各界的大力支持和帮助，以使这项工作开展得更好，共同推进中国盐文化研究的发展与繁荣。

中国盐文化研究丛书编委会

2008年2月

前　言

盐，在中国自春秋到中华民国时期，一直是统治者积累财富的主要来源。自贡地处川南，这里旧时被称为富荣盐场，距今已有近两千年的井盐生产历史。自贡盐场经东汉至北宋前期一千余年的井盐开采的缓慢发展后，到北宋庆历时期，自贡盐场创造了"卓筒井"工艺，使古老的井盐生产技术发生了划时代的变化。明清两代井盐的钻井、治井、打捞技术和采卤、输卤技术日臻完善，特别是从清朝早期川南地区开始了大规模的天然气开发利用，自贡井盐生产进入了繁荣时代。明清两代以后，自贡成为川盐的制盐中心，荣获"盐都"的美称，自贡的井盐生产在国家社会经济中占有重要地位。

有学者称，不了解自贡井盐的历史，就不可能真正读懂中国经济的演绎发展史。正是这一历史积淀的原因，自贡井盐开采的投资、经营和产盐工业发展速度猛增，清末民初成为最重要的井盐生产、外销历史时期。也正是在这一时期，自贡井盐外运从太平天国"川盐济楚"到抗日战争时期的"增产加运"，让自贡井盐在中国盐业史上画下了浓墨重彩的一笔，开创了自贡井盐的辉煌。

在自贡盐业生产场地，盐运陆路、水路沿途留下了大量的碑刻，记录了这一时期自贡盐业繁荣的历史。研究这些碑刻产生的原因、分布情况、碑刻文字、艺术技艺等内容，为进一步厘清自贡地区盐业生产发展、社会经济、民风民俗、宗教信仰等，提供了第一手原始依据。

一、自贡盐业碑刻产生的原因

自贡，地处川南丘陵地段，在山丘河流之间开凿采盐深井需要相当长的时间，有一些盐井开凿历经几代人的努力才得以成功。开采井盐的过程中，投资开发及相关事迹需要记录，为了保留这些盐业生产历史的来龙去脉及相关股份、共同遵守的条款，除依靠签约或者文书记录以外，更多的大事记依靠刻石立碑留下来，成为一种历史依据。盐业生产过程中大量的官府文告及纪念事件，也是靠刻石立碑来作为历史记录的。

井盐运输到川、滇、黔、楚等地，沿途船闸、关隘之间需要用刻石留存下条款及官府告示。特别是自贡地区河流和山川之间，留下了大量碑刻，记录下了大量当时的人物事件，如修桥补路等善事善举。自贡河道狭窄，运输井盐的古盐道多为悬崖峭壁，运输过程中路途遥远，困难重重。古盐道上的庙宇是当时重要的宗教建筑，为了记事留存，在井盐古道沿途修庙宇、刻菩萨、举办大量宗教文化活动等，也同样留下不少的碑刻记录。

在生产力比较低下的时候，为了记录盐业生产、盐运古道的相关事迹、宗教信仰、重大历史转折点等事件，刻石立碑也成为了最主要的方式。这些碑刻文字记录了当时投资者、建设者们的相关事迹，成为了自贡盐业井盐历史发展中的系列碑刻，也成为了今天研究这些历史的有力资料。

二、自贡盐业碑刻分布的状况

勒石、碑刻大都遗留在荒山野岭之中，很多碑刻已经残留不全，我们无法按照书本记载的线索来分类，只能根据碑刻所在地现行行政划分地域来进行归纳、整理、研究。盐业相关的碑刻，几乎遍布整个自贡地区，为了考察、研究的系统性，笔者对此进行了梳理。本书所选录、研究的碑刻，其分布主要是围绕自贡盐场及盐运来进行的。

碑刻按照分布区域情况、出土及碑刻遗留进行整理，总体上是分区域来归类的。这些碑刻分布在自贡市的四区两县（自流井区、贡井区、大安区、沿滩区、富顺县、荣县），碑刻研究也是按照上述地区进行系统的田野调查，录碑文、测数据、拍照片、制拓片等。在每一个区域内，以刻碑时间先后为序进行整理记录。所以笔者在梳理研究的同时，对每一块碑刻都保留了考察现场的相关信息，有释文、照片及调查研究札记。把碑刻的地点、发掘事件、时间及碑文串联起来进行研究，这样可以清晰地展现这些碑刻的原貌及关联成因。

三、自贡盐业碑刻的主要内容

自贡盐业碑刻所涉及的内容相当丰富。盐井开采及相关内容的碑刻是一大宗内容。这些碑刻是自贡井盐、矿业开采的真实记录。《自流井大坳井碑记》就是记载盐井生产中挑夫与井灶之间产生矛盾冲突，富顺县衙门对这个案件进行处理的官府告示。在当时，这些碑刻就是官府文件的物理呈现方式。《四川通省矿务总公司青山岭煤矿界碑》是清光绪年间，由相关机构刻立的四川矿物开采开矿标识，是保证该矿不能落入外国资本的见证。

自贡因为盐业而出现的大量人物记载碑刻，是本书收集到的另一重要历史资料。其中，最有特色的是纪念辛亥革命时期荣县首义英雄王天杰的《王天杰烈士祠碑》，它是一个重要的历史见证碑刻。该碑内容由国民党元老于右任先生书写的纪念王天杰诗二首与《王天杰烈士传记》全部碑文两部分组成，是研究中国近代革命历史的重要史料。

因为盐业运输而出现了大量修桥补路的记事碑、船闸建设的纪念碑等，它们也是本书重要的收集、整理、研究的对象。《创修回龙桥碑铭》记录了自贡大安的釜溪河支流——李白河连接了自流井盐场和沱江牛佛渡口东大道的堰闸修桥的历史事件。《重修凤凰桥碑记》记载了明万历年间因为盐业运输交通的需要建设了凤凰桥，后又于清顺治年间再修的历史，通过整理，文字全可识读。该碑作为自贡明代井盐陆路外运的起始点之一，是自贡盐运形成的"活化石"，也是记录了自贡井盐兴衰的历史变迁的纪念碑。

因盐业而出现的宗教建筑、盐商建筑纪实碑，也是本书考察、研究中的内容。自贡因为盐业兴旺建设的炎帝宫《自流井火神庙碑记》、关于屠宰帮的《重建桓侯宫碑序》、盐商会馆中的《西秦会馆关圣帝庙碑记》等，都是研究自贡盐业的重要历史文献。特别是贡井地区保留的《会济善堂记碑》，是贡井井神庙的仅存遗物。碑文由清末民初四川大儒、著名书法家赵熙撰书，四通石碑完好无损，其内容与书法具有非凡价值。

此外，因为盐运出现的大量文化活动纪实碑，是本书一个亮点。其中在贡井发现的《五皇灯会碑》，是自贡灯会起源之一的物证；富顺千佛寺的《三教祖师赞碑》、贡井贵州庙的《盂兰盆会碑记》等，都是有关于自贡地区民间文化活动的记载，对研究自贡古代文化活动提供了大量的实物例证。

四、自贡盐业碑刻的艺术性

自贡盐业碑刻的艺术性，体现在这些碑刻建造的艺术造型、书法镌刻及大量石雕上。"乐善坊"是最先出现"自贡"二字的碑刻，它在自流井区飞龙峡镇漆树社区。其造型之精妙，构思之奇巧，是自贡碑刻重要的艺术佳品。"乐善坊"是以牌楼的形式构成，上有功德碑的内容，是一件难得的石刻珍品。正面嵌刻"颜昌英、李振亨修路记"文字碑刻，采用三滴水全石柱结构，布满雕刻饰纹。通高4.9米、宽1.2米，虽然是牌坊造型，却没有常见牌坊的高大魁梧，而是小巧精致，是石牌坊的缩小版。通身的雕刻采用镂空、平雕、浮雕及圆雕手法，是研究清代川南石刻艺术的典型艺术作品。

广泛存在于自贡盐井场、运盐古道上的这些碑刻中的书法作品风格多样。书法家有著名的名师大儒：刘光第、于右任、赵熙、沈伊默、冯玉祥、黄茂等。这些书法作品，不仅丰富了自贡盐业碑刻的内容，也是书法艺术的瑰宝。

五、自贡盐业碑刻的研究价值

自贡盐业碑刻有着重要的文化、历史、文物、建筑、美学、书法研究价值。在井盐历史中，其碑刻文字内容记录了大量的历史事件，对今天研究井盐历史及四川运盐到川、滇、黔地区的古道文化有重要影响。其中关于盐井古道的开创记录，对今天成渝经济圈的巴蜀文化长廊打造起重要的参考作用。这些古道的碑刻作为史料的重要来源，也支撑了古代交通及今天的"一带一路"倡议、"南丝绸之路"和"茶马古道"的学术研究。

井盐古道碑刻记载了四川盐井发展历史，相关手工业工场的形成、盐运堰闸，特别是开凿盐井的来龙去脉、官府对矿产界定发布的公告等，具有重要的研究价值。自贡盐井场及沿途碑刻的人文记载，也是地方文化的重要组成部分。所记载的人物大多为明清时期自贡发展历史上的重要英雄烈士、历史文化名人以及对盐业历史有重要贡献的人物。文化活动中的文字记载同样有重要意义，《五皇灯会碑》《天灯碑记》及大量的民间文化组织及活动记录，对研究今天自贡彩灯起源、灯会组织来历及文旅发展等方面也有重要的参考价值。这些在社会发展历史中的碑刻是本土历史文化的活化石，对它们的研究，在未来社会发展中会越来越具有意义。

曹　念

2022年7月

目　录

贡井区

大安区

沿滩区

富顺县

荣 县

自流井区

仰天窝古盐道石碑

释 文

"恩流自井"碑：

特授叙州府正堂星生王公祖大人

恩流自井

□□□□□□【富厂五埫井户】

"明威将军神道"碑：

□□□□□□【清乾隆十六年】岁次辛未仲□月

皇清赐赠中宪大夫明威将军香山之通道

调查与研究

  仰天窝位于古自流井长埫以南的杞子岩梭儿坡东侧，有池，曰"仰天窝池"。清乾隆四十二年（1777）段玉裁撰修《富顺县志·卷二·山川下》记载："仰天窝池，在县西九十里自流井，池在山顶，周遭一里，水清澈，四时不涨也不涸。"

  "恩流自井"碑，碑高2.65米、宽1.15米、厚0.12米，为黄浆石刻碑。上款题"特授叙州府正堂星生王公祖大人"，下款风化无识，碑正中刻楷书"恩流自井"四字。石碑现嵌在一户居民墙壁之中，保存较好，碑身下部有驳落，"井"字较为模糊。据《自流井区志》（1993年版）载：此碑为富厂五埫井户为叙州府正堂王星生所立德政碑。这也进一步佐证了当时自流井与叙州府（宜宾）的紧密关系。

  "明威将军神道"碑，碑通高2.65米、宽1.06米、厚0.13米；碑盖呈圆弧状，为石刻龙凤图案；碑左右两侧各有宽0.20米、高2.07米的龙凤边饰。上款题"清乾隆十六年岁次辛未仲□月"。乾隆十六年，即1751年。下款风化无识。碑正中刻楷书"皇清赐赠

"恩流自井"碑

"明威将军神道"碑

中宪大夫明威将军香山之通道"诸字。石碑保存完好，边饰、碑盖龙凤图案十分精美，有部分文字驳脱。

"恩流自井""明威将军神道"二碑相距不足4米，位于自流井区郭家坳街道源渊井社区金钩湾7组（小地名仰天窝）。据当地居民讲，二十世纪七十年代此处尚有一碑被推倒做了铺石。热情的居民还引路前去查看，碑盖依稀可见，并拍照留存，以待今后发掘。

仰天窝是民国前自流井通往叙府（宜宾）城的必经之地，从自流井张家沱起，经金钩湾、仰天窝、舒平、仲权、漆树、白马场、百花场、永兴场、打铁坳、红场、宗场、吊黄楼，过河到宜宾。这是井叙（自流井—叙府）古盐道上的一个站点，是维系自流井生命补给通道上的重要节点。

仰天窝也是古自流井的名胜之一。民国三年（1914），荣县程家场人兰尧夫游历自流井，作《自流井十八景诗》，其中有首就写仰天窝。诗如下："盈盈一水似龙涎，感叹芳池近路边。泽润寰区忘旱暵，瓯寻高岭涌春泉。源通峡口流来远，底似锅形望去圆。我亦仰天作长啸，层霄直上入云烟。"

自流井仰天窝的这两通石碑，所传递的信息亦是十分丰富的，对研究自贡与叙府的关系、古盐道及自贡地区盐业历史发展具有一定的价值和意义。

至于王星生，其名王麟祥，"星生"为其字，山西蒲州（今永济）人，清咸丰九年（1859）进士，光绪十年（1884）至二十二年（1896）任叙州府知府达十二年，这在清代是不多见的，深受恩泽的自流井盐商在叙井古道上为其树碑自然顺理成章。但明威将军又是一个怎样的人物，何人为其立碑等问题，囿于碑文及文献记载的缺失，尚有待进一步研究。现存疑于此，有待方家了。目前，仰天窝一带棚户区改造，希望两碑能得到妥善安置。

西秦会馆关圣帝庙碑记

释　文

西秦会馆关圣帝庙碑记

乡邑祀功，德崇本也；过庙思诚，率人趋善。阳扶璿化，阴奠瑶禧。宫殿攸崇，义声所树。而严生于礼，肃不妥灵。犹夷元澹之宇，曷以畅人心而翼风教乎？至若客子天涯，辰稀星散，情联桑梓，地据名胜。剪棘刊茅，遽壮丹台，鬈摸绛阙，则又怀睦亲以敦本，于礼协，于情安，非徒重因果为感应云尔！此西秦会馆关帝庙所由建与。恭惟夫子大节，垂之国史，宣诸管弦。阴相本朝，褒封三代，符同千古，休有烈光。九围赫声，梁州尤为蒙酏。庙食百世；礼固曰宜。尔乃南北风同，雨旸会窨，三秦客友，运榷黔滇，运樯万艘，出没于穷潢、窊溪之内，福海安流，默助之麻、实惟神佑，夫蒙艺利者，仰社功；庆安澜者，歌禹绩。憩棠遗珮，异地讴思，灵威所凭，肸蚃斯在。矧夫忠烈，义耿丹霄者耶！客斯土者，摩挲趑慕。爰卜井街东北，新构圣祠，累常度室，布寻度堂，缭以周垣，脩庑旁列。秩秩耽耽、取严也；陛有级，采有青，连蜷娟空，轸轩绚彩，取肃也；倍位酉溪、马明，告蕃庶、答丰稔也；水火司人命，而祝融、元冥具在祀典，以祈且以报也。无巨细、无不恢宏，无大小，无稍倦颔。起乾隆元年丙辰，至十七年壬申春告讫。工费一万有奇。步槛之外，绣壤喧阗，井干之端，烟云炅晃；神灵其鉴兹哉。董成诸君子谓宜叙其日月，俾得永崇。窃思：建安末造，炎纲解组，昭烈帝以王室一线，踣困西川。不遇云龙，谁与为守！夫子起戎士，驰驱左右，于金戈铁马间，英风飒爽，义檄烟驰。迄今东指邺城，铜台云幂；南觇夏口，吴宫草埋。而关西之名，千年耸峙，忠孝之在人，其可泯乎！我秦人素秉忠义，闻风具起。晨朔炳肖，春秋酬桂，枞鼍鼓，振鲸声，容亲秉烛，节景桃园；又或夕月澄芬，晴岚散彩，印须我友，款叙乡情；移时融泄，聚散兴思，徘徊任恤之风，珍重金兰之契，以崇功德则秉礼，以敦乡俗则畅情，人心风教之原，未必无助也！故乐为诸君子道之。

首事者，列书于左：总理张继儒。赐进士出身，原任湖北宜都县知县。

《西秦会馆关圣帝庙碑记》之一　　《西秦会馆关圣帝庙碑记》之二　　《西秦会馆关圣帝庙碑记》之三

吉山李芝撰，邑人王有容书丹。

乾隆十七年壬申岁九月之吉。

原碑刻蚀□存□□。

道光九年己丑岁九月之吉，重修会馆落成，癸酉科拔贡厗珊孔昭淳书丹重镌。

（以下名录，略）

调查与研究

自流井西秦会馆，又称陕西庙、关帝庙，是由陕西盐商集资于清乾隆元年（1736）始建，历时十六年告竣的一座同乡会馆。清道光七年（1827）至九年，进行过大规模维修和扩建。西秦会馆既是中国会馆建筑中的精品，也是自贡盐业发展史上的珍贵文物。1988年，被国务院公布为全国重点文物保护单位。现为自贡市盐业历史博物馆馆址。

旧时西秦会馆

西秦会馆按中国古代建筑传统规制布建，中轴线上对称布置有武圣门、献技楼、天街、大丈夫抱厅、参天阁、中殿、正殿及东西金镛、贲鼓阁，四周则以廊楼、阁轩、山墙环绕和衔接，占地3000余平方米。西秦会馆设计精巧，结构繁复，造型精美，气势恢宏。石雕、木雕、彩绘和泥塑装饰华丽。

《西秦会馆关圣帝庙碑记》原为石刻，乾隆十七年（1752），由李芝撰文，富顺人王有容书丹。因后来倒埋于尘土受风雨侵蚀字迹模糊，道光九年（1829），西秦会馆重修落成时，便将碑文抄录，由癸酉科拔贡垦珊孔昭淳书丹金字重镌于朱漆楠木板上，悬挂于中殿左壁。故碑文之后附有一例小字云："原碑刻蚀□存□□。"

碑记作者李芝（生卒不详），字瑞五，号吉山，四川富顺自流井人。乾隆戊午年（1738）乡试第二名；戊辰年（1748）会试中会魁，殿试中第九名进士。初仕山东招远令，继任湖北宜都令。廉洁自矢，两袖清风。自楚辞官归，以教读为业。一时登科第者，多出自其门下。李芝工诗文，五言诗初学大谢，后入韦柳；五律初学少陵，后入王孟。其诗皆平淡清远，渐近自然。著有《俟秋吟诗》《鸿爪集诗》《贤已堂文集》。乾隆四十年（1775），训诂学家、经学家段玉裁署富顺知县，聘李芝为学易书院山长，继邀入署，同修《富顺县志》，任主纂，为海内著名县志之一。其辞赋代表作为《盐井赋》《火井赋》。原碑书写者王有容及重新书丹者孔昭淳，事迹待考。

重修西秦会馆关帝庙碑记

释 文

重修西秦会馆关帝庙碑记

邑西自流井，旧有西秦会馆关帝庙，创自乾隆初年，秦人张继儒董之，阅十六载而后成，费金万有奇。绛阙丹台，辉煌雅丽。圣帝灵爽，于兹式凭；桑梓殷情，于兹敦笃，秦人之利赖者实惟有历年。其间小有倾圮，亦因时补葺已耳！迄今，庙貌将及百年，风雨剥蚀，土木自漓其性，神像袍服，渐多籜落，榱楹瓦甓，复就倾颓，而昔年所存会金，及累年所收乐助田亩租税，除岁时焚献、酹酒、演剧外，子母垒垒，欲仍此以洽幽明而沿岁月，心殊未安，然以斯事体大未果。迨道光七年，李全兴、安万顺、毛世德、李永顺诸君始以为言，遂有成议：公请孟君西平、寇君详董其成，以邓玉金、杨永丰、仝万丰、刘增盛、郝玉崇、张全泰、何尚义、张泰顺诸人襄事。孟君视事不数月卒，寇君一人总之。自六月起工，饬材审势，务期壮丽倍前。较旧址拓出十数丈，依山另辟一正殿。基木石取诸坚伟，宫阙极其巍峨。乃规模甫就，而所存会金及"合从会"所敛厘金一万六千有奇已匮；复议敛厘金以讫事，续得三万有奇。于道光九年秋九秋告讫，共费金四万有奇。

殿宇崇闳，体制严肃；廊庑整秩，金碧交辉。四围缭以高垣，循东西华门入，石桅对峙，大一围，高八仞，斗皆以石。前为"忠义神武坊"，坊下蹲石狻猊二，大十围，高二仞余。次为武圣宫大门，门内高楼三重，下为伶人"献技楼"，中为"大观楼"，最上为"福海楼"。中敞数亩天街，双槐垂荫。上为"大丈夫抱厅"，厅上横亘一池，中为平桥，桥上矗起参天"奎阁"。次为中殿，又次为龙亭，极上为帝君正殿。由正殿左侧门入为内轩，轩前为"莫作闲看"小台，又前为"别有天"官廨。路出奎星阁，由正殿右侧门入，长廊一带为"神庖"。亦出"奎星阁"抱厅之右，由"履忠门"入为"留三日香"客廨，左由践义门入为"胜十年读"客廨。下为东西两走楼，楼中：东序金镛，西京贲鼓，高阁对峙。旧庙陪位诸神：酉溪、马明、元冥、祝融，今则升帝君于正殿，左以文昌，右以真武配之。极左则丑宿，极右则雷祖。旧祀诸神仍奉以中殿，更益龙井，福德诸祠，视旧祀为尤备。

　　窃思：帝君忠义威灵，独有千古，恢宏庙貌，以致尊崇，固所应尔，独异斯役之巨，而成之速！当事者之叠述灵异，其信然耶？岂神灵之果鉴其诚而稍示其异耶？抑人心之诚自招感应，非神灵之果有所式凭耶！夫神无所在，亦无所不在。窃愿人无时不以为神之有灵，无事不以为神之有灵。入庙而必求无愧于神，亦不必入庙而始求无愧于神。庶于庙貌之新，神尤默鉴，谓非徒博尊崇之名也！故为诸君子记之，尤愿与诸君子共勉之。是为记。

　　例授文林郎、壬午科乡试举人孔昭亮撰并书。

　　道光九年岁在己丑季秋月中浣之吉。

　　（以下名录，略）

《重修西秦会馆关帝庙碑记》之一

《重修西秦会馆关帝庙碑记》之二

《重修西秦会馆关帝庙碑记》之三　　　　　《重修西秦会馆关帝庙碑记》之四

调查与研究

　　西秦会馆始建于乾隆年间，道光年间扩建、改建。此碑为道光九年（1829），西秦会馆重修落成时，富顺举人孔昭亮所撰并书丹以朱漆楠木板金字镌刻于中殿右壁。孔昭亮与《西秦会馆关圣帝庙碑记》书丹重镌者孔昭淳，极有可能是亲弟兄或堂弟兄，待考。碑文较为详细地记录了西秦会馆关帝庙新庙落成时的大部分结构，连现在已无从查考的一些堂廨名称都如实地保留了下来，是西秦会馆弥足珍贵的历史文献。此外，碑文还一一记述了参加修建时的人名，可供查对有关人物史实资料之用。

西秦会馆

　　西秦会馆至今尚完整地保存有四副作者佚名的石刻楹联，辑录如下。参天阁联："钦崇历有唐、有宋、有元、有明，其心实惟知有汉；徽号或为侯、为王、为君、为帝，当日只不愧为臣。"又："萃不泯之忠魂，浩气常留，屡向本朝昭义烈；翊将衰之火德，英风永著，犹从此地郁炎精。"中殿联："职掌文衡，云汉昭回，科甲早排黄榜；旨宗首教，龟蛇护卫，法力上极玄天。"又："大义悉秉春秋，将相经纶儒事业；精灵长悬日月，英雄气概佛心肠。"

乐善坊题刻

颜昌英、李振亨修路碑记拓片

释　文

（一）颜昌英、李振亨修路碑记

恭纪

诰授武德骑尉颜公昌英、奉直大夫李公振亨二善人修路碑记

□上双石铺至吊黄楼约有二百余里，皆为宜属。上通自贡、下达戎城，往来行人，络绎不绝，诚通衢也。其间便于行者什之三，不便于行者什之七。每值秋雨淋漓，望途生畏，岂真蜀道之难与？抑亦修治之无其人耳。邑中有好善者，或自捐修、或募众补修，不数里而斧资告竭、不数年而倾圮堪虞，所以有始者，鲜克有终也。惟咸邑颜公、李公，乐善不倦者也，以为济人利物莫大于补路修桥，故由荣咸上至犍仁，创修桥梁，众皆利之，平治道路，人共由之。他如富、隆、资、内州邑之遵道遵路者，尽歌坦途，岂独于吾宜而遗之？爰有本邑职员陈君与二公情同管鲍，契结金兰，兴言及此，即慷慨允诺，不以费烦工钜为辞。良由二公之心存极厚，志切大公，庶几乎君子风乎？世有富商巨贾，赀拥数万，或溺于异端，不惜舆金辇粟以奉之，志在求福也——不知求福而福不应，不求福而福自来者，孰有如除道成梁之旋至而立应者乎？闻二公之风，可以憬然悟、瞿然兴矣。经始于庚戌之春，阅两寒暑而藏事。《易》曰："履道坦坦"。今乃见为□□□□□□平平，今乃见为平平也。于铄哉！二公之功德无量，二公之福泽无量矣，二公之后嗣□□□□□□□量□！至于金粟之费，自有主之者。后有鸿笔续郡志编邑乘，定著二公之名于不朽。

（以下无法确认是否尚有文字）

（后列捐资庙宇——文昌宫、禹王宫、川主庙、南华宫，个人姓名及施石、监修人员名单略）

岁贡生候选训导黄金钊拜撰

廪生陈兰芬敬书

大清咸丰元年季秋月榖旦

（二）楹联

修亿万人往来道路；

开数十代远大途程。

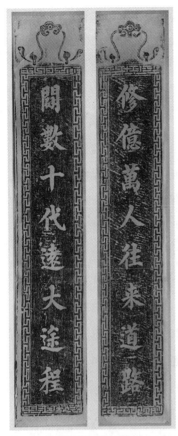

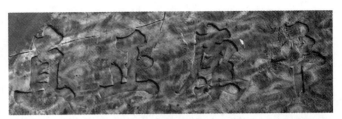

"平康正直"匾额

乐善坊楹联拓片

乐善坊人物石刻

（三）匾额

乐善坊

平康正直

调查与研究

乐善坊坐落在自流井区飞龙峡镇俞冲社区街道旁，建于清咸丰元年（1851），是为自贡盐商颜昌英、李振亨在漆树境内捐资修路打通盐运通道而修建的一座牌楼式功德碑。乐善坊坐西南向东北，分布面积约16.5平方米，为石结构，三滴水两柱单门，通高4.9米，通宽3.25米，门宽1.2米，高1.76米。石坊正面通体布满雕刻，正门嵌《颜昌英、李振亨修路碑记》一通，碑记两旁柱联为："修亿万人往来道路，开数十代远大途程。"上方匾额竖书"乐善坊"三字，横书"平康正直"四字。碑记作者黄金钊、书家陈兰芬事迹待考。

颜昌英（1789—1871），自贡盐业发展史上著名的老"四大盐业世家"——颜桂馨堂的主政人之一，字厚庵，号鹤龄，自流井人。自幼留心盐业，尤关注盐井开凿，查证盐井盛枯，研究盐层岩屑，观察地形地貌。清嘉庆二十五年（1820）与兄举债锉办永兴井。清道光五年（1825）凿井突破硬岩，咸泉骤涌，并伴有大量天然气，可煎锅三百余口，最盛时达八百口。其后数十年内先后锉办成功北海、来龙、东海、源海、富海、自成、同源、同兴、同盛、勇泉、源流等井，颜氏家业大振，成为富荣盐场首富之一。

李振亨，约生于清嘉庆十三年（1808）前后，字集庵，时人以李亨称其人。其父运武（运字辈）。其高祖本齐（本字辈），自原籍江西入川。李振亨与其弟李振修共有堂名"陶淑堂"，所以称三多寨李家为"李陶淑堂"。李振亨自幼为人忠厚，活计勤奋，颇晓世情，且深谙营生。逐渐跻身井场，发家致富，成为富荣盐场老"四大盐业世家"之后崛起的新富豪世家。

碑文记录了颜昌英、李振亨修路善举，从另一侧面反映出老沿滩地区作为陆路盐运要道的客观事实。该碑所在地漆树曾为盐马古道上的一个重要驿站，碑文中首次出现了"自贡"二字，是自贡市目前发现的最早出现"自贡"的文字记载，比此前最早记载"自贡"二字的公文（1911）提前了60年。乐善坊对研究自贡地区的盐业文化、城市发展及演变具有重要的历史价值和文物价值。

2013年3月，乐善坊被公布为全国重点文物保护单位。

自流井火神庙碑记

释　文

自流井火神庙碑记

常思以一人而为一事则其之也难，以众人而为一事则（其）之也（易）。何也，专欲则难成，同心有济也。富邑厂地宝街创业自壬寅年，閤厂沐恩。弟子在炎帝宫兴一财神会，神像癸卯年正月初九日己酉时圣寿，起会之时皆由灶头、烧师、军民人等同心协力，襃多□寡，凑少成多，由是而财神会近今数年蒙神恩祐，井灶兴隆，咸泉上涌，人人共履丰亨，同沾吉庆，致所以人之敬神而神庇荫于人也。兹者自流井西北两路，炭火两班，日簿募化，各出锱铢，而今事已告成，人喜神欢，吉福迎祥有需日日香灯不灭，兴神善士刊碑录名，仁人清吉，户户平安，为感是幸。

坐庙：胡永成、李名鸿。

承首：黄应名、王致和、万国礼等。

香首：王元恩、杨顺才等。

值年：黄永光、宋天贵、袁显林等。

灶头：李世康、何正元、张纯仲、黄文光、张明山、袁显忠等。

火神老祖开添新首，閤厂众议，无论烧上杂工见名字各出钱六百四十文与财神老祖位前以足焚献之费，以免出簿，閤会人等拿积钱文连年焚献除逐之外，实存钱数百余串有簿账实存钱三百串另五千文，今凭修造庙禹之首事以及连年之总管协同灶头花户人等将积奏之钱面交大会，值年承办连年演戏治酒加增。

大清咸丰九年岁次己未春三月吉日閤厂众姓执事等同立。

刻字章文富，住持僧昌极，刘永柏手书。[①]

---

① 引自宋良曦、钟长永著《川盐史论》，四川人民出版社1990年10月版。

火神庙（炎帝宫）正面全景

火神庙（炎帝宫）戏台

调查与研究

自流井火神庙，位于自流井区釜溪河张家沱湾，由自贡盐场的烧盐工人于清道光二十二年（1842年）修建。建筑整体为四合院布局，现正殿已毁，为两层楼的抬梁式木结构建筑，门楼和戏台融为一体，戏台两侧有抱楼环绕。因供奉炎帝，在本地秀才邓可玉的倡导下改称炎帝宫。

炎帝宫是烧盐工人的帮会组织，也是中国近代最早成立的工会组织之一，在协调工人纠纷和处理同行事务中都发挥了积极作用。道光年间与自流井最有势力的西秦灶主——陕帮八大号进行法律搏斗；光绪初年的掉换毛钱和灶户打官司，维护了烧盐工人的切身利益；民国初年为每锅增工钱四百文与灶商会的罢工斗争；1939年盐工反抓壮丁的总罢工；1941年争取被遣散工人的遣散费，攻打国民党市党部，盐工们以生命和鲜血得来《各类盐工遣散给资办法》；1949年11月盐工代表在炎帝宫举行会议，动员盐工们保卫盐场，迎接解放。在近百年的风风雨雨中，炎帝宫里里外外发生过许多事件，对研究四川乃至中国产业工人运动具有较高的历史价值。2012年7月，炎帝宫被公布为四川省文物保护单位。

碑记镌刻于清咸丰九年（1859），为"合厂众姓执事等同立"。碑文记录了在炎帝宫内兴办财神会的经过、财神会管理人员姓名以及"积钱焚献"等相关制度，是一篇关于自流井的重要盐业碑记文献。据《自贡记忆·以盐诉说的历史》（中国文史出版社，2017年1月版）记载："炎帝宫内有木刻条规（正殿右边，天楼上面）、石刻制度（戏台左侧耳楼底下）。"不知木刻条规、石刻制度两件文物尚在否？抑或本篇碑记是否为石刻制度呢？

王爷会碑记

释 文

王爷会碑记

王爷者，镇江王爷也。能镇江中之水，使水不汹涌，而人民得以安靖，以故敕封为神灵，享祀于人间。凡系水道之地，在在皆有庙宇焉。

大清同治八年己巳秋

调查与研究

此碑镌刻于清同治八年（1869），碑已不存，其拓照陈列于王爷庙庙内之《王爷庙史话》栏中。

王爷庙，坐落在自流井沙湾的釜溪河畔，乃本地盐运商和橹船帮为了共迎神麻，互通声息，于咸丰初年（1851）合资修建。同治十一年（1872）刊行的《富顺县志》中，已将王爷庙及其下的夹子口列为自流井的胜境之一。王爷庙是一座造型独特的清中叶精美建筑，有正殿、天井等，占地面积1000平方米。清光绪三十二年（1906），李春霖主持作培修，又新建成一座戏楼。抗战时期因修筑井富路，拆除正殿。现存戏楼、东西偏殿、客廨。王爷庙建造科学，布局独特、结构紧凑、小巧玲珑；装饰华丽、雕刻精细，集雕梁画栋于一身。前人曾题咏道："王爷庙里好题诗。"王爷庙现为自贡市区著名景点，庙内灯杆上挂满彩灯，每逢春节、元宵，更是披红挂彩，灯火辉煌，游人如织。1985年7月，其被公布为市级文物保护单位；1991年4月，被公布为省级文物保护单位。

王爷庙因供奉镇江王爷而得名。以前川渝各地，凡水汇码头，往往都有王爷庙。王爷庙中供奉的镇江王爷，是一个金盔金甲，手持钢鞭，威风凛凛的武将神像。这个被后世奉为镇江王爷的武将，是隋朝人赵昱。

唐朝柳宗元撰写的传奇小说《龙城录》有"赵昱斩蛟"的记载：

赵昱，字仲明，与兄冕俱隐青城山，后事道士李珏。隋末，炀帝知其贤，征召不起，督让益州太守臧剩强起。昱至京师，炀帝縻以上爵，不就，独乞为蜀太守，帝从之，拜嘉州太守。时犍为泽中有老蛟，为害日久，截没舟船，蜀江人患之。昱濯政五月，有小吏告昱，会使人往青城山置药，渡江溺使者，没舟航七百艘。昱大怒，率甲士千人及州属男子万人，夹江岸鼓噪，声振天地。昱乃持刀没水，顷江水尽赤，石崖半崩，吼声如雷。昱左手执蛟首，右手持刀，奋波而出。州人顶戴，事为神明。隋末大乱，潜亦隐去，不知所终。时嘉陵涨溢，水势汹然，蜀人思

《王爷会碑记》（拓片）

昱。顷之，见昱青雾中骑白马从数猎者见于波面，扬鞭而过。州人争呼之，遂大怒。眉山太守荐章太宗文皇帝，赐封神勇大将军，庙食灌江口，岁时民疾病，祷之无不应。上皇幸蜀，加封赤城王，又封显应侯。昱斩蛟时，年二十六。

　　可见，隋朝隐居青城山的赵昱，能够斩蛟镇江，保障民生，而受到蜀人敬仰。后来其被唐太宗封为神勇大将军，开始设庙供奉。王爷庙供奉的镇江王爷，历来是川渝地区水手、船工、纤夫、水上营运者共同信奉的神灵，意在以求行船顺利和江面安全。由于水运与商业关系极大，因而王爷庙也成了商贾奉祀镇江王爷的地方。自流井的王爷庙，由于是供奉镇江王爷的神灵之地，久而久之，也成了人们观景、赏戏、品茗和举办元宵灯会的地方。

　　相传每年六月初六为镇江王爷的生日。每年此时，地处自贡市自流井区的王爷庙内会举行盛大的庆典，不仅祭祀神灵，还宴请宾客、演出戏剧。每当祭祀开始，排满河道

王爷庙

的盐船上，鞭炮齐鸣，声震峡岸，为一时之大观。入夜这里则灯火齐明，来自昆曲、高腔等各流派戏班，连台演出，通宵达旦。当时在川剧界流传"唱戏不到自流井，算不得戏中仙"，由此可见供奉祭祀场面之浩大热烈。

也因为这个原因，自贡的镇江王爷庙宇几乎都分布于釜溪河水道两岸。因此，碑文中有"凡系水道之地，在在皆有庙宇焉"之语。

重建桓侯宫碑序

释 文

重建桓侯宫碑序

屠沽一行，自古有之。第未兴立帮口耳，自我朝雍正间始兴设帮会。至乾隆时，先辈甫募众酿金，创建桓侯庙。凡正殿及东西两廊、戏台、山门，并供神器具，无不周备而肃观瞻。突至咸丰庚申，李逆扰厂，殿宇金身成灰烬。春秋祭祀，聊搭草棚以为瞻礼。同事辈莫不抚膺扼腕，心焉伤之。延至乙丑，有职员禹君国安、职员李君东扬、武生陈君相魁、监生潘君清顺等协同商议修立正殿。嗣因厂市废滞，暂停诸工。俟至壬申，盐市稍畅，复约李君义兴、□□□□、刘君西川等商酌：每宰猪一支，照行规抽钱贰佰文，再行鸠工庀材，大兴土木。越乙亥十月，方开台演戏，会集宾客，筋以酒而告落成焉。是役也，殿阁楼台，既雄且丽，功力所及，生面独开，以今视昔，尤觉壮观。虽我行诸君踊跃输将，诚于奉祀桓帝，而实桓帝在天之灵，有以默相其间成效也。今将各花户所出行规并费用、灰瓦木石金漆匠作诸若干，一一开列于后。俾众咸知，且以永垂不朽云。

严陵庠生官衡顿首百拜，谨撰并书

经修总首：职员禹国安、职员李东阳、武生陈相魁、监生潘清顺、李兴义。

连年首事：连胡裕、张洪盛、聂益顺、陈长发、胡和盛、陈德盛、张乾元、张永泰、钟福义、潘金堂、郭义清、王兴泰、刘长发、陈洪盛、蓝云发、钟四兴、谢芝堂、廖福全、李万顺、陈兴顺、王兴发、陈永发、周庆丰。

西关五垲各处花户所出行规，自壬申年八月起至庚辰年九月□□名下共计若干，胪列如左：

双塘坳：

（略）

以上四拾五名共出行规钱壹仟陆百壹拾叁吊叁百贰拾文

大坟包：

（略）

以上贰拾六名共出行规钱壹仟捌百四拾壹吊九百文

何家厂：

（略）

以上四拾名共收进钱壹千四百六拾壹吊九百文

三圣桥：

（略）

以上拾五名共出行规钱壹千壹百贰拾贰吊五佰廿五文

草鞋市：

（略）

以上拾陆名共出行规钱壹千贰百叁拾贰吊玖百贰拾文

十字口：

（略）

以上贰拾六名共出行规钱壹仟捌佰捌拾捌吊五佰柒拾文

五皇殿：

（略）

以上拾贰名共出行规钱四佰四拾柒吊六百文

下桥：

（略）

以上四拾贰名共出行规钱贰千四佰五拾五吊四佰五拾文

阮家坟：

（略）

以上叁拾柒名共出行规钱壹千捌佰卅五吊四佰五拾文

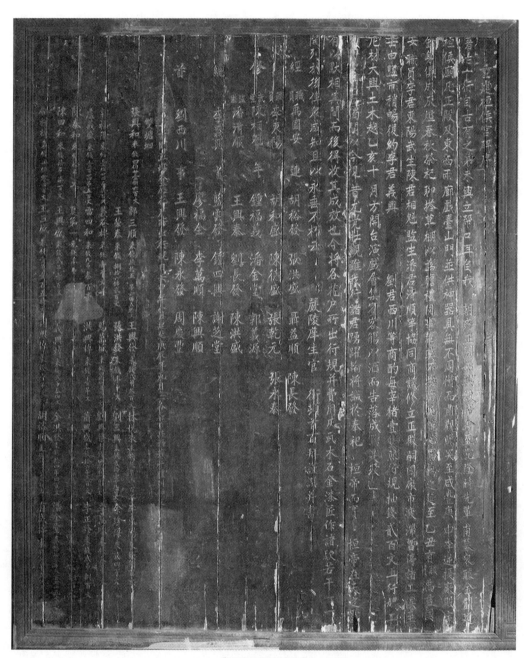

《重建桓侯宫碑序》

桓侯宫

调查与研究

自流井桓侯宫，俗名张爷庙，是自流井屠宰帮为纪念三国蜀将张飞募资修建的行帮会馆，始建于清乾隆年间（1736—1795），清咸丰十年（1860）被焚毁，清同治四年（1865）原址重建。桓侯宫由山门、戏楼、钟楼、鼓楼、月台、正殿组成一个完整的四合院，整体建筑为砖木结构，依山就势，逐渐升高，高差11.7米，轴线长47.3米，从山门到月台中轴偏转13度。2013年，国务院公布其为全国重点文物保护单位。

《重建桓侯宫碑序》木碑为两大块，嵌于桓侯宫之东厢房。其一纵2.56米、横2.13米，其二纵2.56米、横4.45米。木碑保存较为完整，文字基本清晰，少许文字因修复被刷漆覆盖。木碑黑底黄字，四周镶朱色条木为饰。其一为碑序正文及落款、募捐者名录，其二全为募捐者名录。

碑序作者是严陵（今威远县）庠生官衡。据威邑西乡清光绪八年（1882）《官氏族谱》（木刻本）卷四记载：官衡，出生于道光十三年癸巳（1833）三月初六，卒年不详。官宽章次子，名清奇，榜名衡，字子平，号石泉。邑庠生，县试五场案首，威邑从来未有。娶李氏，继谢氏。子四：长辅民、次翼民、三保民，李出；四长民，谢出。

在募捐者名录中刊列有募捐者所在区域名称（或小地名），如双塘坳（45名）、大坟包（26名）、何家厂（40名）、三圣桥（15名）、草鞋市（16名）、十字口（26名）、五皇殿（12名）、下桥（42名）、阮家坟（37名）等，共计259名募捐者。

据碑序："越乙亥十月，方开台演戏，会集宾客，觞以酒而告落成焉"，可知桓侯宫重建落成及碑序时间为清光绪元年（1875）的下半年。《重建桓侯宫碑序》部分文字最早披露于1983年第1期《井盐史通讯》，竹风《自贡清代建筑的又一珍品——桓侯宫》一文中。

桓侯宫山门有石刻楹联三副："大义识君臣，想当年北战东征，单心克践桃园誓；丰功崇庙祀，看今日风微人往，寿世还留刁斗铭。"又："季汉神归天上去；江阳灵自阆中来。"又："桃园季弟称神圣；涿郡英雄有庙堂。"

太阳会塑像碑记

释 文

太阳会塑像碑记

古刹泷龙庙旧有粮甲会，自道光庚子岁前首等以分会所剩馀钱玖仟文付作太阳会底输管生息，嗣因连年焚献均系派逗分金，有馀则凑积之，不足益派补之。厥后积有赢馀，于是众有欣然绣像之志。乃迟之又久，至光绪十一年乙酉首等集众筹商鸠工创始于本庙东廊。建神座，去钱柒铧捌百文；塑神像，去钱拾玖铧文；立神龛，去钱拾陆铧肆佰文。日月二宫，崭然维新矣。第以所费不敷订簿，募化功德钱玖铧陆佰文。继又于丁亥岁，彩画神龛用不一次具钱拾铧文，其酒食零星费用共去钱拾壹铧伍佰玖拾柒文。且乐捐鸿名均宜镌碑勒石，事竣问序于余，愚因为之志巅末，以垂不朽云，是序。

杨时勋：捐钱壹铧文

黄兆仁、黄见义、黄典义、黄井义、黄章义、黄备仁、黄由义、黄璧成、黄廷郁：各捐钱肆百文

李国亨、郑昴凤、郑银山：各捐钱肆百文

黄铭礼、黄光辉、黄绍义、黄顺义、黄正芳、黄本立、李学全、杨玉桂：各捐钱三百二十文

黄梁仁、黄任义：捐钱贰百文

黄章仁：捐钱贰百四十文

陈嘉璧：捐钱贰百文

杨向奎：捐钱四百文

石匠：朱长顺

木匠：萧文安

塑匠：扬柳桥

住持：僧登怀

笔□：黄学勤

邑庠黄璧成谨撰

光绪十三年丁亥岁嘉平月下浣　穀旦

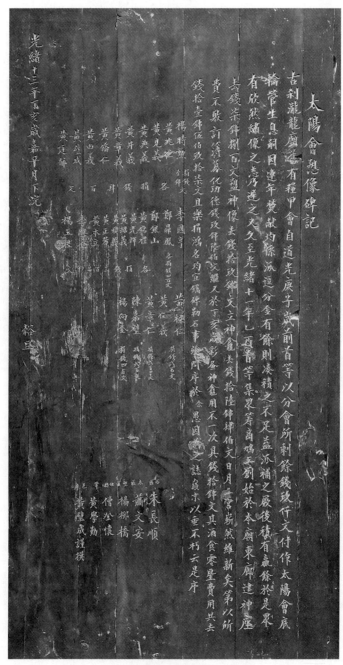

《太阳会塑像碑记》

调查与研究

《太阳会塑像碑记》为木刻碑，碑高1.35米、宽0.75米，刻碑时间为清光绪十三年（1887）腊月。碑文落款"嘉平月"，即指阴历腊月（十二月）。《史记·秦始皇本纪》："三十一年十二月，更名腊曰嘉平。"《索引》："殷曰嘉平，周曰大腊，亦曰腊。"秦改从殷之旧称。

木刻碑原悬挂于自贡市自流井区仲权镇（原宜宾县双石铺）黄家村6组泷龙庙（又称双龙庙）内，现为自贡某私人收藏。双龙庙建于清代，坐西南向东北，建筑占地面积约890平方米。整体建筑结构为四合院布局，四周山墙环绕，悬山式屋顶，小青瓦屋面，抬梁式石木结

《旧都三百六十行》（北京旅游出版社1986年7月版）封面

构。进深28.8米，面阔28.8米。双龙庙房屋下层为石结构，上层为土木结构，房屋梁柱为八菱形的石结构，正殿保存较好，两侧各有一小天井，右侧天井内有古井一口，是一个典型的宗祠庙宇建筑。现为村民居住，大部分建筑已全貌全非。

仲权镇原名双石铺，因天上宫两侧各有一巨石矗立，隔河相峙，加上场铺店铺林立而得名。后因双石铺是革命烈士李仲权的故乡，故更名为仲权镇。仲权镇古代属宜宾县（今宜宾市叙州区）管辖，1959年8月由宜宾县划归自贡市郊区（今沿滩区）管辖，2005年由沿滩区划入自流井区。

仲权镇自古是自流井通往宜宾的一个站口，明代时期发展成为有一定集市规模的驿站。清初叶，随着自流井盐业的快速发展，仲权镇逐渐成为井宜（自流井—宜宾）古盐道的一个重要站口。客商、贩夫、挑夫往来其间，各省会馆相继落成，文化、民俗相互交融。在这大背景之下，糖画艺人的行业组织——太阳会应运而生。

双龙庙遗存

　　民间糖画艺人为保护本行业的利益而自发成立的行会组织，因为他们供奉的神祇是"太阳菩萨"，故称"太阳会"。太阳会设正副会首（会长）共三人。散班（相当于今协会理事）四人，人员由艺人公推。相传农历正月十九为太阳菩萨的生日，到这一天都要办会，请戏班唱戏敬太阳菩萨。办会时所有艺人都得参加，并交纳会费以做办会开支。

　　糖画这一民间艺术，有400多年的历史，称为"画糖人""倒糖饼儿"等。王隐菊等人著《旧都三百六十行》（北京旅游出版社1986年7月版）记载："叫做'化糖的'，化糖的人大都能绘画，他们挑着带火炉子的框子或小柜，框子上平放着约半寸厚，直径在一尺半的一块圆形画板。做化糖时，将糖块用微火化溶开，用勺舀着糖稀不断地滴糖稀，随滴随点画出花鸟虫鱼等，玲珑剔透的各种图形。再用竹签粘起陈列售卖，可食可玩。"

　　《太阳会塑像碑记》详细记述了双石铺在清光绪十一年至十三年（1885—1887）间，太阳会在双龙庙内东廊建神座、塑神像、立神龛以及彩画神龛的详细经过和费用开支情况，并附列26位乐捐人姓及乐捐金额。最后列石匠、木匠、塑匠、住持、书碑人（笔口）姓名。碑记作者是当地庠生黄壁成，黄壁成事迹不详，待考。碑记客观记录了双石铺晚清时代鲜活市井生活，对研究仲权镇的历史、文化、民风、习俗有一定的参考价值。

五云村盐商悼亡诗碑

释 文

雷氏侧室故，悼亡诗二十六首

两家杨柳一溪烟，闲探梅花十载前。
寻得风流仙品格，相思从此梦魂牵。

大家举趾甚端详，鸦鬓云鬟巧样妆。
侠气偏从眉画出，当时犹似杜韦娘。

新春游玩赴龙门，寄语冰人早结姻。
莲步轻移环佩稳，桃花点额暗消魂。

数年岁月眼将穿，红叶新诗久不传。
待到梅开佳节日，鸳鸯帐里话姻缘。

同车共赴古渝城，茅店鸡鸣月色清。
最苦板桥霜迹冷，女娘马上作南征。

债台高筑不胜愁，谁与同心巧出谋。
回首艾奴相敌事，全凭女将战渝州。

至今犹记洞房春，云雨巫山笑语频。
数载恩情无限乐，惟怜儿女□前因。

容颜仙骨胜桃花，不愧当年是旧家。
多少隔邻诸女伴，每来留住快煎茶。

温柔乡里最愉多，美丽消磨可奈何？
几度阳台春梦暖，低声含笑唤阿哥。

九泉诏赴太匆忙，月落乌啼自惨伤。
一梦黄泉月色冷，寒宵谁伴读书郎。

红颜顷刻自消磨，屈指光阴几度过。
常愿有缘成眷属，平生住爱念弥陀。

月圆月缺恨偏长，病入膏肓莫主张。
花甲半轮天不佑，前生烧了断头香。

龙门花落夜生愁，春去秋来恨未休。
此日分离香梦冷，一轮明月不胜秋。

魂飞一别隔天涯，指点秋云夕照斜。
辜负光阴留不住，□□吹去美人车。

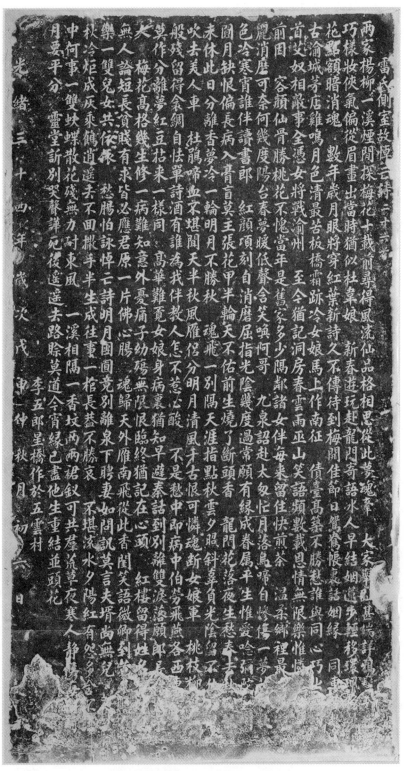

"雷氏侧室故悼亡诗二十六首"诗碑拓片

杜鹃啼血不堪闻，天半秋风雁侣分。
明月清风千古恨，可怜魂断女娘军。

桃枝柳叶一般残，留得衾绸自怯单。
诗酒有谁为我伴，教人怎不惹心酸。

不是愁中即病中，伯劳飞燕各西东。
□□莫作分离梦，红豆拈来一样同。

高华难觅女娘身，病里犹知早避秦。
话到别离双泪落，愿郎长作是大人。

梅花高格几生修，一病难知意外忧。
痛子幼殇无限恨，临终犹记在心头。

红楼留得姓名在，□□无人论短长。
贫贱有求皆必应，君原一片佛心肠。

魂归天外雁南飞，从此香闺笑语微。
卿到黄泉□□乐，一双儿女共依依。

愁肠怕咏悼亡诗，明月团圆竟别离。
泉下聘妻如问讯，莫言夫婿尚无儿。

□□秋冷炬成灰，乘鹤逍遥去不回。
撒手半生成往事，一棺长溘不胜哀。

不堪流水夕阳红，有怨多含不言中。
何事一双蚨蝶散，花残无力耐东风。

一溪相隔一香坟，两两裙钗可共群。
荒草夜寒人静倦，□□□月要平分。

灵堂诉别哭声哗，死后遥遥去路赊。
莫道今宵缘已尽，他生重结并头花。

李五郎星桥作于五云村
光绪三十四年岁次戊申仲秋月初六日

调查与研究

　　五云村，又称五美堂，位于自流井区光大街，曾是自贡盐商四大家之一的李四友堂总办李星桥的宅院。李星桥曾捐花翎二品顶戴，有五位妻妾，李分别为其修建了五套小别院，意为"五朵彩云"，故取名为五云村。新中国建立后，五云村改建为自贡市看守所。2014年看守所拆迁，五云村不复存在。

五云村盐商悼亡诗碑，于光绪三十四年（1908）原镌刻在五云村老宅。2014年，移至自贡市盐业历史博物馆保存。诗碑共两块，碑上刻有李星桥悼亡妻妾七言诗数十首。一块为悼侧室雷氏诗二十六首，一块为悼爱妾段氏诗若干首。前者碑体保存较好，字迹清晰，仅个别文字残损。后者碑面模糊不清。今仅录前者悼亡诗二十六首。

悼侧室雷氏诗碑，碑高1.79米、碑宽0.86米，红色字体楷书。碑面文字从右至左竖刻，题款为："雷氏侧室故悼亡诗二十六首"，落款为："李五郎星桥作于五云村，光绪三十四年岁次戊申仲秋月初六日"。据已故宋良曦先生考证："不是李星桥的手笔，应该是找工匠所刻，但碑文内容为李星桥所著。"

从内容来看，全诗记录了李星桥和雷氏相识、相恋、相知的过程，直到雷氏病逝，李星桥笔下寄托无限哀思。这位雷氏跟李星桥相识的时候，应该是李星桥20岁时。当时李四友堂债台高筑，他主动请缨，出任四友堂的掌门人，开凿新井，开源节流，振兴家族事业。而这位侧室，是在他最艰难的时候，与他同甘苦、共患难的伴侣。从诗中也可以看到李四友堂的兴衰成败。在过去盐业史研究中，自贡历代盐商留下的诗作也不少，但诗碑则是凤毛麟角。李星桥的悼亡诗，情真意切，凄婉动人，一段凄美的盐商人文生活得以还原。

李星桥，自流井李四友堂家族中兴时期——清光绪二十五年（1899）到宣统末年（1911）的总办。李星桥20岁力主自荐担任堂内总办，声言要负重责，排万难，力挽李四友堂家族衰败颓势。李星桥接任四友堂总办后，即与族众约法三章：不得在井、灶、笕、号乱抓钱用，每房每年应进银1200两，只能在端午、中秋、年关支付；各房人等租佃四友堂火圈，必付租金，购买四友堂卤水，卤价照缴。除节流外，李星桥还积极开源：加锉正龙井，新增火圈300余井。整顿盐号，撤销不称职掌柜，追回流失款额。这样，李星桥任总办的12年间，使衰落时期的四友堂出现了中兴局面。

五云村盐商悼亡诗碑的发现，为研究和还原盐商人文、家庭生活提供了难得的实物，具有很重要的意义。

"公正廉明"碑

释　文

□□□……

公正廉明

□□□……

中华民国十三年岁次甲子七月吉日，自贡公民敬立

调查与研究

　　该碑为民国十三年（1924）自贡各界公民于王爷庙对岸，原"接官亭"附近山上为屈稚丹所立的德政碑。屈稚丹，民国初年至1918年、1921年至1930年代中期，曾先后任自流井地方法院的推事和自贡地区的检察长。相传，屈稚丹为官清廉，公正无私，断案如神，深得地方百姓爱戴。

　　"公正廉明"碑碑高1.75米、宽0.90米、厚0.18米。碑额左右各有一处楔形破损（约在通碑高三分之二处），尤以右侧为甚。碑体正中刻四个拙朴隶书大字——"公正廉明"，落款"中华民国十三年岁次甲子七月吉日自贡公民敬立"，仍清晰可辨。碑身风化严重，其左右两侧碑文残缺，已斑驳无法辨认。据《自流井区志》（1993版）载碑文曰："躬严正掺（操？）守廉洁，尤为数十年所少（？）见之良吏也，令泸定攀辕卧辙无讨挽留，爰树此碑，以志爱戴之。"另据黄千红《访廉字碑》文，碑文尚有"敢断详明"和"悦服其持"等文字。

　　屈稚丹曾孙女屈佳曾作文记述曾祖两则断案故事，摘编如下：

　　1913年夏天，高硐一个年轻媳妇暴病身亡，下葬后夫家才通知娘家，娘家人心中起疑后报官，却又拿不出证据。下葬前仵作也验过尸，没有外伤，未发现中毒迹象，结论

"公正廉明"碑（2016年1月30日拍摄）

屈稚丹（坐者）

是中暑猝死。

屈稚丹如果依据案头材料，完全可以驳回原告诉求。但他却觉得此案疑点明显：下葬后才通知娘家，的确有违常理，有悖人伦。冥思苦想中，他从民谚中受到启发：毒人心，门斗钉，有好长，钉好深。民间流传有把铁钉钉入人的头部，致人死命的案例，会不会……

得知要开棺验尸，被告方连夜备厚礼来访，屈稚丹命家人拒之门外。开棺之后，尸身已高度腐烂，但验看头部，未发现异常。屈稚丹命人除去死者衣裤，察验全身。没想到验至死者下身，赫然发现有一个黑糊糊锈斑斑小指头粗钉帽样东西，仵作费了好大劲才拔出来，原来是一颗钉棺材的大铁钉，真相大白。自此，屈稚丹公正、能干的名声就在自流井打响了。

1924年，金子凼有两家人因争土地边界争执引发聚众械斗案件，导致多人受伤，影响恶劣。原告方自恃亲戚是保长，儿子又在军阀队伍当连长，平时就横行乡里，事发后又恶人先告状，并给当时任检察长的屈稚丹送来厚礼。屈稚丹照例以闭门羹相拒。

审理中，被告方有界石为证，现场勘查中又经证人指认土地原貌，人证物证均证明原告方以蚕食方式侵占被告方土地，遂判原告败诉，令其退回自己原有边界，并当众埋下界石。双方兄弟姊妹亲戚朋友的医药费，由原、被告方各自负责。

"唤鱼池"摩崖题刻

释 文

此东坡先生书于青神灵崖寺者

唤鱼池

民国十六年丁卯冬乐至宋达廷钩勒石上

富顺郭梦芝纪录

刘缉光察工

调查与研究

蜀中"唤鱼池"摩崖题刻有三处,分别在青神县灵岩寺、资中县重龙山、自流井区釜溪河。相传为北宋大文豪眉山人苏东坡手迹,后两处均拓自青神县灵岩寺。青神县灵岩寺"唤鱼池"为横排镌刻,资中重龙山"唤鱼池"改横排为竖排,自流井釜溪河"唤鱼池"袭用横刻。

自流井釜溪河"唤鱼池"摩崖题刻位于釜溪河沙湾石龙过江之东侧,乃民国十六年(1927),自贡商会会长郭湘摹自青神县灵岩寺苏东坡之题字。郭湘(1878—1951),号梦芝,富顺庙坝场(今大安区庙坝镇)人。清末秀才,早年加入同盟会,民国二年(1913)当选四川省第一届议会议员,民国十六年(1927)离任后在自流井经营盐业(灶商)。民国三十五年(1946)当选富顺县议会议员。1949年10月,组织庙坝乡解放委员会,迎接庙坝解放。据陈仲贞《郭梦芝先生轶事》载:郭湘"书法端劲,颇近兰亭",且"善对联,喜吟咏"。

2004年,自贡市启动人居优良环境整治工程,原设计釜溪河水位提高,"唤鱼池"摩刻将隐身釜水之中。经有识之士呼吁,政府体民心察民意,重新复拓镌刻"唤鱼池"三字在距题刻东约50米,高出设计水面4米处,并利用崖石造景,建人工瀑布。但新镌题

"唤鱼池"摩崖题刻

"唤鱼池"摩崖题刻局部——上款

"唤鱼池"摩崖题刻局部——下款

刻，无论书法，还是刻工，都远不及郭湘原题刻。随着时间的推移，新老题刻渐次被崖苔所覆盖，淡出了人们的视野。

2019年春，适逢"釜溪河历史文化长廊"建设，为还原历史本真，久违的郭湘"唤鱼池"摩崖题刻在人们的期盼中，经清淤苔刷丹漆，重放光彩。

"唤鱼池"三字每字字径2.6米，上款一行题文："此东坡先生书于青神灵崖寺者"，下款三行题文："民国十六年丁卯冬乐至宋达廷钩勒石上，富顺郭梦芝纪录，刘缉光察工"。

"还我河山"摩崖题刻

释　文

民国三十三年

还我河山

冯玉祥题

调查与研究

　　"还我河山"摩崖石刻，位于自流井区新街滨江路龙凤山南麓崖壁上。石刻坐西南向东北，分布面积约近30平方米，石刻目前呈半圆形结构，宽12.3米、高2.4米。1983年5月，该摩刻被自流井区人民政府公布为区级文物保护单位。

　　石刻为隶书体，全文（自右至左）如下："民国三十三年　还我河山　冯玉祥题"。其中"题"字已漫漶，仅存大概。上下款自上而下，正文由右及左。上下款之间全长为9.65米。上款"民国三十三年"长1.5米，每字大小约15×25厘米，字距约6厘米。下款"冯玉祥题"长1.2米，每字大小约27×23厘米，字距约12厘米。正文"还我河山"与上下款之距离均为1.1米，其笔画粗为14厘米，刻石深3厘米，字距约90厘米。

"还我河山"摩崖题刻

1944年冯玉祥与自贡市献金分会同仁及部分盐商合影

"还我河山"石刻是著名爱国将领冯玉祥将军来自贡市为抗日将士募金时留下的手书，是我市人民踊跃献金抗日的爱国历史见证，具有重要的爱国主义教育意义。冯玉祥（1882—1948），原名基善，字焕章，原籍安徽巢县（今巢湖市夏阁镇竹柯村），近代军事家。有"基督将军""倒戈将军""布衣将军""爱国将军"之称。曾任国民政府军事委员会副委员长。1948年1月1日被选为中国国民党革命委员会常务委员和政治委员会主席。代表作品有《我所认识的蒋介石》等。

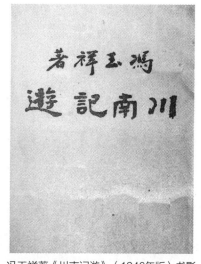

冯玉祥著《川南记游》（1946年版）书影

民国三十三年（1944），冯玉祥第二次来自贡时，正值盛夏。他不顾炎威，身着戎装，在伍家坝蜀光中学大操场举行的自贡各界三万民众献金救国大会上发表了慷慨激昂的抗日演说。听者深受鼓舞，当即有不少人踊跃捐献了现金及首饰、布鞋等实物。会后，冯玉祥将军还同群众一起参加了大游行，并振臂高呼口号。其时群情振奋、万人空巷，极一时之盛况。正是在为这种热情和壮举深深感动的情况下，冯玉祥将军于7月15日在自贡市盐务管理局宿舍（北院，即今中共自贡市市委所在地）挥毫明志，题写了充满浩然爱国正气的"还我河山"四个大字，并在同年10月勒石。

"伯苓亭记"碑

释 文

伯苓亭记

长汀江庸撰　吴兴沈尹默书

四川省自贡市蜀光中学，创于民国十三年，原名自贡初中。教部通令，不得以地名名校，故更今名。先后十二年，虽经次第改进，终未踌躇满志。

二十六年秋，张公伯苓应前川康局长缪公剑霜及自贡士绅之请，偕喻主任传鉴莅井参观。彼时本校尚设东新寺，公谓此地狭隘，遥望隔岸伍家坝，依山临水，中有平原，风景极佳，宜购作校址。

旋经校董及士绅开会决议，将该地购得，聘公为董事长，喻传鉴为校长。公遂派遣技师设计、绘图，赶日纠工，缪公则拨公益费款，以助其成。

次年秋季，新校规模初具，初中学生移入授课。别在旧校内创设幼稚园及小学，已有生六七百人。新招初中男女生四班、高中三班，三年共二十一班。三十二年，每年春季添招两班，共成二十七班。

喻校长久为南开主任，不获长住蜀光，公乃聘韩叔信专任蜀光校事，一切行政仍由喻主持。三年期满，续聘二年。重庆南开学生盖多，事愈繁重，喻遂坚辞。公即以韩继之。

迄今高中已毕业五班，学生三百余名。考入各大学者二百余名，未升学者任职各地，亦均著成绩。初中毕业生约千余名。今年大学毕业生回校服务者五名，其他均分布各机关、团体服务。

兹值抗战胜利，韩聘不久满期，校董会暨地方人士，仍请公继续主持。公谓校董及士绅等，若能筹足基金，使蜀光基础稳固，则我甚愿襄助。以前南开自南开，蜀光自蜀光，今后拟加蜀光为南开之一环，与天津、北平、长春、重庆之各校教职员轮流更替，俾趋一致。

同人等以公对於蜀光既允一视同仁，此后培植英年，所以维系国本，实邦家之光，非独自贡之荣也。为永志公宏奖教育之盛谊，就校址新筑一亭，即以公字颜之。

属长汀江庸为之记。

中华民国三十五年一月一日

"伯苓亭记"碑（拓片）

于右任先生为南开接办蜀光中学题写校名

蜀光中学校园内的伯苓亭

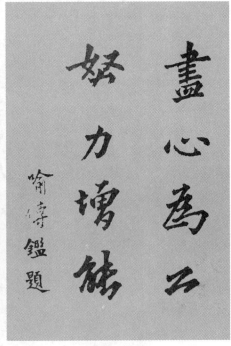

蜀光中学校训

调查与研究

2002年，自贡蜀光中学修学生宿舍，破土动工时发现"伯苓亭记"碑。2004年春，学校决定建"伯苓亭"，立碑于亭中，以志纪念。是年校庆80周年前夕，"伯苓亭"竣工。"伯苓亭记"碑，以钢化玻璃护罩矗立于亭中央。蜀光校友朱承义先生撰有两联以纪其事，联曰："一铸一陶，公心行大道；不偏不倚，能事法中庸。"又："能者多艺，以才为具，敏于事，乃称能事；公者无私，以德为绳，存乎心，是谓公心。"2014年蜀光建校九十周年之际，伯苓亭挂亭联一副，联云："伯苓不朽，救国终须教育；华夏重光，振兴端赖公能。"

伯苓亭记碑以黄浆石雕刻，碑高1.2米、宽0.6米。是为纪念张伯苓先生在蜀光中学"宏奖教育之盛谊"，于民国三十五年（1946）而镌，碑文由江庸撰、沈尹默书，黄浆石刻成。

张伯苓（1876—1951），原名寿春，字伯苓，后以其字行世，天津人，中国现代职业教育家，私立南开系列学校创办者。西方戏剧以及奥运会的最早倡导者，被誉为"中国奥运第一人"。先后创办南开中学、南开大学、南开女中、南开小学和重庆南开中学，接办四川自贡蜀光中学。民国三十七年（1948）六月，出任国民政府考试院院长。1949年11月底，重庆解放前夕，张伯苓婉拒蒋介石赴台要求而留守大陆。

江庸（1878—1960），字翊云，晚号澹翁。祖籍福建长汀，出生于四川璧山县（现为重庆璧山区）。中国近代法学家、中国近代法律教育的奠基人之一、社会活动家。1949年，应毛泽东手书邀请，以特邀代表身份出席第一届中国人民政治协商会议，并被推选为政协全国委员会委员。1960年病逝，逝世前将家藏122件有价值的文物全部捐献国家。

沈尹默（1883—1971），号君墨，别号鬼谷子。祖籍浙江吴兴，出生于陕西汉阴。著名的学者、诗人、书法家、教育家。早年曾留学日本。五四时期，与陈独秀、李大钊、胡适、鲁迅等同办《新青年》。新中国成立后，当选为第二、三届全国政协委员，第三届全国人大代表，中央文史馆副馆长等职。1971年，备受"文化大革命"迫害病逝于上海，享年88岁。

碑文以简洁的语言，记录了蜀光中学创建、发展的历史。抗战时期，南开迁当时的四川重庆。自贡市的有识之士，如蜀光中学校长王楠、盐业官员缪剑霜及一些士绅如欧阳尔彬等，盛情邀请张伯苓来自贡接办蜀光。"伯苓亭记"碑，反映了自贡近现代史上政府、企业家对教育的重视，对研究近代自贡盐商、经济和社会发展具有重要的历史、科学价值。

"南无阿弥陀佛"摩崖题刻

释 文

南无阿弥陀佛

太虚敬书（并钤印）

民国丙戌 自贡市佛学社造

太虚大师像

调查与研究

自流井松茅山摩崖题刻为自贡市佛学社于民国三十五年（丙戌，1946）镌刻，整通题刻坐西南向东北，分布面积约80平方米，宽19.35米、高4.1米，质地为红砂石。石刻横排楷书阴刻"南无阿弥陀佛"六个大字，字径高3.1米、宽3.05米。落款："太虚敬书（钤印），民国丙戌，自贡市佛学社造。"石刻保存完整，是自流井地区现存不多的石刻之一，对研究自贡佛教发展历史具有一定的参考价值。

摩崖题刻落款

"南无阿弥陀佛"摩崖题刻

太虚（1890—1947），法名唯心，字太虚，号华子、缙云老人。俗姓张，学名沛林，浙江海宁长安镇人。中国近代佛教改革运动中的一位理论家和实践家，著名高僧。被誉为"玄奘已还，斯为第一"。民国三十六年（1947）3月17日大师圆寂后，民国政要纷纷题词追悼，国民政府特发褒扬令："释太虚精研哲理，志行清超，生平周历国内外，阐扬教义，愿力颇宏。抗战期间，组织僧众救护队，随军服务，护国之忱，尤堪嘉尚。兹闻逝世，良深轸惜，应予褒扬，以彰忠哲。"

釜溪公园纪念碑

自贡市佛学社成立于民国二十三年（1934），主要发起人是：王德谦、廖树卿、吴冰国、罗筱元、胡鉴堂、李南僧等人。民国三十一年（1942），佛学社派刘纯吾、李仲先两人去重庆汉藏教理院，请太虚大师为自贡摩崖石刻书写"南无阿弥陀佛"六字。民国三十五年（1946），经精心放大，每个字直径在3米以上，再由罗筱元、廖树卿等十余居士出资，选雇石工在釜溪河畔摹岩镌刻。为此，荣县佛学人士黄书云（黄觉）作有碑序（见下篇《"南无阿弥陀佛"摩崖题刻碑序》）。

其实，太虚大师与自贡颇有缘分。早在民国二十七年（1938）8月22日，大师由成都返重庆的途中，专程来到自贡看望同乡陈诵洛（字中岳，民国时期著名诗人，时任自贡市市政筹备处副处长），在釜溪公园受到川康盐务管理局局长缪秋杰的盛情款待。此次自贡之行，大师留下一首古体诗，诗题为《自贡市筹备处长陈颂洛导观水火井与缪秋杰局长等晚宴釜溪公园》，诗曰："水火交为用，天然此独奇！巧窥流井妙，凉纳釜溪宜。市政敷新制，搓闻拾古遗。欣逢东道主，客路忘岖崎。"诗见《太虚大师第二十编：诗存·潮音草舍诗存3》。大师来自贡之事，亦载于《太虚大师年谱》："民国二十七年，一九三八，大师五十岁。大师自成都回渝——何北衡以车送。途次自贡市，访老友陈诵洛，导观水火井。与缪秋杰等晚宴于釜溪公园。"

如今，太虚大师留给自贡的"南无阿弥陀佛"榜书摩崖题刻，已成为自贡釜溪历史文化绿色长廊的重要景观。

"南无阿弥陀佛" 摩崖题刻碑序

释 文

自贡市釜溪摩崖镌丈大南无阿弥陀佛字碑序

碑额：南无阿弥陀佛

盖闻坐宝池于西国，德水生香，开铁塔于南天，密坛启教。法藏是弥陀因地原授记于《悲华》，不空偕无畏开宗。遂垂光于奕叶六八，愿之宏誓，普度群生，二千载之秘传。

潜消三业，金胎两界，法身同报，佛俱尊宝，手篡垂绀，目与白毫交映。慨大乘之衍派曼荼罗中断于朱明，喜率土之流风净业，社勃兴于黄种。东密西密均神妙之真言，呼图克图握转生之胜算、喇嘛教之传习，藏人奉若金科。居士林之修持，华族视同宝筏，沐莲花生之演化承传，无间于红黄，览木穗子之遗经，信仰久孚于缁素优婆。

一众神栖四色之花，佛子多人梦绕七重之树城，西方之捷径，亦东土之胜缘也。惜乎！时临五浊劫罹、三灾邪见。稠林殄其根而匪易，贪心猛火熄其焰，而莫由修罗之瞋念方酣，支那之恶因已熟，生民涂炭，烧夷则靡室靡家；敌寇纵横，杀戮则盈城盈野。

不有挽回之计，徒增糜烂之忧。悲过去而测将来，永久之和平难必。察远方而观近地，频繁之罪戾尤多。协议未成，局部依然。其冲突复员被阻，食粮犹碍于交通。况酝酿于多时，竟调停而鲜效。思维上策，回劫运，先正人心，修改宪章，捐党见，方维国脉，消灾弭乱。无如简易法门灭罪除怨，不外执持名号，冀慈云之庇荫，首重皈依希大日之照临，情殷劝导。

自贡佛学社长罗筱元、吴冰国、金刚会长李众先、廖树卿诸先生多种善根，饱餐法味，潜修三昧，精究一乘，得灌顶之醍醐，遂留心于碑碣，读莲宗之宝鉴，思返故乡撷竺典之菁华，同修净土，身有香气，悟势至之圆通，志仰善财。学普贤之行，愿澄神涤虑处，持贝叶之文，合掌低头，善结莲苞之印，集佛门之同志，铁罪祈恩，期法界之有情，翻迷归悟，欲挽众生之苦。爱刊万德之名大虚之大，如掾云烟满纸。当处之灵山，放彩日月重轮，镌六字于岩臂，径逾寻丈，豁四民之道眼，路近康庄人境，清明石塔之商场，接壤公园，游玩釜溪之景色宜人，彩霞与慧日齐辉，定有天龙之护，甘露共和风

《"南无阿弥陀佛"摩崖题刻碑序》（拓片）

献瑞，时来云鸟之翔。

　　午节，匀工经九十日而方竣。辛赀总计费百千万而不辞。而又虑其窊而滃澹捐却光明也，广募善缘，同裹盛举，黄金布地。慕须达之财，施白粉磨磁，向洋商而价购。质以坚，而永固色，历久而常新。俾触目而警心，自闻声而应响。

　　款无多寡，咸刊纪念之碑；时有后先，等入题名之塔。写刻捐输者，得法华之功德，六根皆成佛之资见。闻赞叹者，结安养之因缘，九品受往生之乐，胸有成竹，经营同般若之台，意切《行檀》，次第入菩提之道，如雨余之春笋，集团而簇簇生新，飞空际之天花，感瑞则绵绵不绝不止。树两川之标识，且将为五族之楷模，翘瞻庐阜高贤十八人不能专美。实现中华民主，四贱众同享太平矣。

　　觉粗谙内典近接邻封，齿越八旬，目游三藏。绿竹绕西城之宅，久赋闲居，白茅成背郭之堂，独饶清趣。忆昔日南山石壁曾镌丈大之洪名，计颇年东郭园林，坐对层空之妙相，显教与密宗并习，弥陀合长寿同修，欣闻伟建之落成，益切老怀之随喜，愧乏摘艳熏香之句，聊撷抛砖引玉之文，弘法利生，幸不违于本誓添福增慧，是所望于群公。

　　金刚法净密弟子黄觉敬谋书，时年八十二。

　　捐款人姓名数目另碑刊录

　　中华民国三十五年丙戌岁月

调查与研究

据魏佐君先生《关于佛学社的回忆》（原载政协自贡市自流井区文史资料委员会编《自流井文史资料辑览》一至廿一期合订本）有云：太虚大师为自贡摩崖石刻书写"南无阿弥陀佛"六个大字，并由荣县佛学人士黄书云作跋（笔者注：有误，是"作序"），刻于沱湾王爷庙对崖釜溪石壁上。

循此线索，多年来笔者多方寻找黄书文序文（序碑），未果。近日与收藏家杨源先生谈及自贡碑刻事，杨先生称藏有法藏寺碑序拓本，乞睹为快。不日，杨先生携拓本见示。展读，碑额"南无阿弥陀佛"、碑题"自贡市釜溪摩崖镌丈大南无阿弥陀佛字碑序"跃然于目，再读落款有"黄觉敬课书"云云，令人惊喜万状。原来此拓本非法藏寺碑序，而是太虚"南无阿弥陀佛"摩崖题刻碑序之拓本也。杨源先生介绍说，此拓本归藏于二十世纪九十年代，后束之高阁，未及细读。我与杨先生不禁相视而笑，正是："踏破铁鞋无觅处，得来全不费功夫。"

拓本置一自制纸箧内，纸箧封面毛笔字书"自贡釜溪摩崖碑序拓本全文"，并题"刘老先生搜箧见赠付王建存"。箧内有题志曰："因筑铁路经过崖壁，太虚法师所写'南无阿弥陀佛'六尺字暨此碑均已全毁（笔者按：误记为"全毁"，六字摩刻尚在，见上篇）。此碑虽曾有好事者拓有拓本，本亦少见，惟此拓甚完全耳。庚子正月初九写记。"庚子正月初九即1960年2月5日。纸箧为折叠式，纵向0.27米、横向0.38米（对折各0.19米）。

据杨源介绍，此拓本乃王壬西先生交付其子王建收存，箧上文字亦王壬西所记，后辗转为杨源收藏。纸箧封面题记中的刘老先生，应该是拓本最先的主人。此碑拓的发现，亦印证了魏佐君先生所说太虚摩崖榜书题刻尚有一通碑序之说，对于研究自贡佛教发展历史有重要意义。

拓本尺寸纵1.93米、横0.83米。拓本显示刻碑时间为民国三十五年（1946）。序末有"捐款人姓名数目另碑刊录"字样，亦可知至少尚有石碑一通，专例"捐款人姓名数目"，可惜未见其拓本。

碑序为黄书云居士撰书，时年82岁。黄书云，又名黄觉，荣县人，前清优贡，曾任绵竹知县。民国初期创办荣县女子中学，任校长。卸职后，长期从事佛学研究，造诣很深，并与北京、上海、南京、普陀山、峨眉山等地佛教名人常有往来。民国十三年（1924）起担任荣县佛学社社长。后募资在大佛寺旁罗汉洞修建弥陀院，专供念佛和讲经说法。民国十九年（1930）与赵熙（前清翰林、书法家）创办荣县文学舍，专

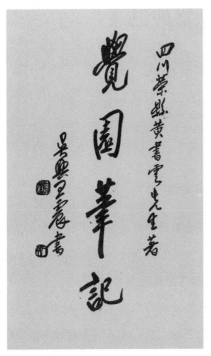

黄书云《觉圆笔记》书影　　　　　《自流井文史资料辑览》书影

门开设佛学课程，宣讲佛教净土宗，重庆、自贡均有人就学。尔后常在荣县、自贡及川南一带讲经说法，受到好评。民国二十三年（1934）创办《佛学月刊》，在川南一带影响较大。

碑序中提及的罗筱元、吴冰国、李众先、廖树卿诸人，均为自贡市佛学社成员。其中以罗筱元最为著名，1946年佛学社改选，由罗筱元任会长，廖树卿、吴冰国等为副会长。

碑序镌刻于太虚摩崖榜书题刻之右下方，整通摩刻、碑序书法相映成趣，浑然一体，极为精湛，是佛教文化的宝贵珍品。因筑铁路经过崖壁，序碑被毁，幸有拓本传世，可一睹黄书云居士魏碑书体神韵。

赵熙为《佛学月刊》题写刊名

自贡市解放纪念塔碑记

释 文

纪念自贡市解放一周年

自贡市解放已经一周年了。去年今日，由于解放军神勇迅速的进军，由于人民的支持，迫使匪军匪特放弃了最后的抵抗和破坏。使自贡市人民在水深火热中挣脱了枷锁，获得了解放，从死亡里走向了新生，看到了毛主席和共产党的阳光。

一年以来，全市人民紧密地团结在共产党和人民政府的周围，击溃和肃清了反动派与匪特的各种蠢动，确立了革命秩序。实行了合理负担政策，完成并超过了一九四九年和一九五零年公粮、税收和推销爱国公债等光荣的任务。由于全国财经统一，稳定了反动政府十余年来所制造的不断高涨的物价，使人民生活得以安定。通过农村救灾和征收农业税的工作，由于目前正在进行清匪反霸、减租退押的中心工作，发动了广大的农民群众，建立和壮大了农协组织和人民武装自卫队，削弱了封建势力，为土地改革铺平了道路。

盐业方面：由于，市政府大力扶持，进行有计划的贷款与全力收购盐场，合理的逐步提高了过低的场价，把盐贩的生产挽救了过来，并进而调整公私关系，调整劳资关系，救济失业工人。积极打通运道，组织盐业公司，打开了食盐销路，贯彻以销定产方针，扭转了产销不平衡状况。同时，因运销业务的开展，也刺激了生产，使盐业生产已恢复了百分之八十以上，保证了各销地四千余万人民的食需，完成了盐税任务。而且，由于工人阶级发挥了积极性和创造性，在业务和技术的改进上也获得了优良成绩。市场方面：积极扶持合法经营，取缔投机倒把，在人民币币制统一、币值确定、币信确立下，恢复了正常的交易关系，逐渐走向了繁荣。

更重要的是全市人民从各种不同的工作岗位上，展开了普遍的学习运动，随着这个运动高潮的到来，思想认识、政治水平都有了普遍的提高。因此，在抗美援朝、保家卫国的运动中，在极短时期内就涌现了一千余名优秀儿女报名参加志愿军，发挥了爱国主义和国际主义的伟大精神。在捐募寒衣、救济淮河水灾同胞的运动中，以工人阶级为领导，各阶层人民发挥了高度团结友爱互助的精神，热烈地响应了政府的号召，超过预定目标，并提前完成了捐募工作。

所有这一切主要的成就，都是共产党和人民政府的正确领导及全市人民共同努力而获得的。

在毛主席的阳光普照下，人民自己做了主人，人民有了自己的国家，有了自己的政府。

自贡市的公园虽已修建了二十年，但在解放以前为少数特权阶级所占有，且有一段时间还为特务机关盘据着。人民群众根本没有心情来欣赏，也没有权利来过问。今天，人民已作了主人，人民应该有自己休息和开展文娱活动的园地。因此，经过各界人民代表协商委员会的市政建设委员会的商讨，决定将此公园更名为自贡市人民公园。同时，公园中的旧塔改建为解放纪念塔，以标志这个伟大的人民时代和永远纪念光辉的解放日子。

我们的信心更坚强了，我们决不停止于已有的成就，全市廿五万人民一定更紧密地团结在共产党和人民政府的周围。在毛主席的胜利旗帜下，齐一步伐，发展生产，建设国防，为巩固人民民主专政而努力，为由新民主主义社会逐步过渡到社会主义而奋斗。

市政建设委员会

公元一九五零年十二月五日

自贡市解放纪念塔

《自贡市解放纪念塔碑记》（之一）　　　　　　　　《自贡市解放纪念塔碑记》（之二）

调查与研究

　　民国十四年（1925），盐商们在自流井石塔上修建公园，取名为釜溪公园并立碑纪念，碑文曰："釜溪公园纪念碑"。民国三十年（1941），为纪念已故国民党元老谢持更名为慧生公园。抗战胜利，釜溪公园纪念碑更名为"抗日英雄纪念碑"。1950年代初，公园又更名为人民公园。1987年，公园再度更名为彩灯公园。

《自贡市解放纪念塔碑记》（之三）

《自贡市解放纪念塔碑记》（之四）

　　自贡市解放纪念塔，坐落于彩灯公园。1950年，为纪念自贡市解放一周年而在园内旧碑——"抗日英雄纪念碑"改建而成。塔高12.5米，象征1949年12月5日自贡和平解放。纪念塔由基座、塔柱、主塔组成。基座为正方形，台阶三级。塔柱为六方柱体，分为六面镌刻《纪念自贡市解放一周年》碑文。主塔为四方高柱体，上塑"自贡市解放纪念塔"八个大字，塔顶塑有白鸽和绿色地球。2020年12月，自贡市解放纪念塔被公布为四川省文物保护单位。

《自贡市解放纪念塔碑记》（之五）

《自贡市解放纪念塔碑记》（之六）

　　据《自贡景观史话》载：《纪念自贡市解放一周年》碑文，由时任自贡市各界人民代表协商委员会委员的罗成基先生草拟，经张奇市长补充修改。全文共约1200余字，由罗华垓先生所书，为黄浆石石料。"自贡市解放纪念塔"八个大字，系欧阳樾牟先生榜书，书法飘逸灵动而又稳重大度。

碑文朴实平易，明白晓畅，感情真挚而热烈。极好地反映出新中国建国伊始，新时代的文化倾向。表达了全市人民对共产党、人民政府、党的领袖的真诚爱戴之情。

　　罗成基，毕业于原中央政治大学，生前系民革党员、市政协委员、中学高级教师、著名的文史学者。出版有《晚晴斋丛稿》一、二集。临终前强忍病痛完成了长达15 000字的《漫论自贡饮食文化》，受到市政协的表扬。《纪念自贡市解放一周年碑文》《烈士陵园永生群雕碑文》和《重修天池寺碑记》是罗成基碑文代表作。

　　罗华垓，名育藻，原籍四川简阳县（现为简阳市）。长期从事工商活动，在盐业、化工等方面做过不少工作。二十世纪四十年代，罗华垓事业兴旺，很快与侯策名、熊佐周、罗筱元齐名，被称为自流井盐场"新四大家族"，成为自贡盐场举足轻重的代表人物之一。新中国成立后，曾任郭家坳盐厂副厂长。罗华垓幼年随父攻读旧学，有很深的国学基础。罗华垓所书碑文字体沉着遒劲，刚健稳定，不失为书中珍品。

　　欧阳楒牟，自贡市人，书法家，曾任开设在自流井的庆余公质店（典当业）经理。有《自贡最早一个书画社组织——戊辰书画社回忆》《自贡地方的典当业》诸文传世。余不详。

　　从1950年落成至1988年，自贡市解放纪念塔经历过几次大大小小的修复。2013年，公园管理处按照"修旧如旧"的原则，对解放纪念塔进行了一次修缮。此次修缮采用了更具耐久性和保护性的金属氟碳漆"塑身"，更换了黄浆石碑文，而采用白色大理石对碑文进行重新雕刻并描红，碑文周围、基座用花岗石装饰。碑文大理石石龛高1.22米、宽0.60米。原黄浆石石碑六通现为中国彩灯博物馆收藏，其碑高1.32米、宽0.68米。

贡 井 区

五皇灯会碑

释　文

碑阳：

五皇灯会

□□□……

碑阴：

天灯碑

□□□……

调查与研究

　　五皇灯会碑原立贡井五皇庙左侧，现陈列于自贡中国彩灯博物馆。碑高2.20米、宽1.10米，碑冠呈弧形状。碑阳上端刻有"五皇灯会"四字，碑阴刻有"天灯碑"三字。遗憾的是因年代久远，碑文已模糊不清，依稀可见当时捐献银两办灯会的盐号、井灶及个人姓名。

　　五皇庙位于贡井区艾叶镇竹林村一组，建于清乾隆初年（1736—1745），为复式四合院，有三层殿堂，两层厢房，中间以院坝相隔。现存建筑为正殿一列，面积140平方米。残存正殿为砖木结构，抬梁式梁架，小青瓦屋面，悬山式屋顶。屋脊灰塑宝顶为张

五皇灯会碑

《五皇灯会碑》（拓片）

五皇庙遗存

阁老塑像，殿堂两边山墙有砖墙壁画多幅，山水、人物情景清晰可见。五皇庙现存正殿建筑，目前为村民居住。五皇庙所处旭水河五皇洞堰闸附近山上，其洞有3米多长、1米多宽、半人高，石壁绘有不明意思的图案。

传说，五皇系玉皇大帝的五个儿子，偷偷下凡间为盗，专门劫富济贫，乃义盗。穷人喜之敬之，尊称是"五皇"；富人畏之惧之，蔑称为"五瘟神"。无论穷人还是富人，都会怀着不同的心情来庙焚香祀奉。因此，五皇庙香火特别旺。

五皇庙位于贡井盐场最繁荣的老街、河街末端，又是在盐运黄金河道旭水河边，上接重建于清乾隆时期的中桥，下接雷公滩，邻近威远地界，交通便利，各色人等穿梭其间，热闹非凡。据旧史记载，每逢新春佳节，五皇庙内张灯结彩，庙前树灯杆，高八九丈，点灯三十六盏，通宵达旦亮着。元宵节进入高潮，入夜，燃放鞭炮、烟火，灯下狮灯、龙灯翻滚，花灯表演通宵达旦，观众数万人。这种情景，一直延续到解放前夕。

1992年，在五皇庙发现五皇灯会碑。五皇灯会是自贡灯会的雏形，五皇庙成为到目前为止自贡灯会有案可稽的"发祥地"。

盂兰盆会碑记

释　文

盂兰盆会

尝思善果，待人以成，胜因须时而建，今吾省修盂兰会盛举也。自汉唐以来，历历奉行，于今为烈，然以此遵崇尤为要术。夫，吾黔□迁于荣厂者，代不乏人，满载荣归，无庸记述。困殁其间，更属恻悯。嗟乎，有力有财，移归故里。无财无力，半痊邻封，以致落魄无依，悲同蜀帝。精灵有觉，怨笃秋猿，郁郁孤魂，风号露泣，是以众善会议：各助锱珠，每岁中元建修道场，籍真言妙诀，爰援沉沦之魂。聿开方便之门，庶几花咏堂梨墓门，歌笑衣传青紫暗室。言欢乃定章程，崇兹盛举，凡我同人，敦行勿坠。务期绵延，亦叶永垂不朽之良规。是为序。

（以下名录略）

……

古师国学傅衡宗铭并书

住持僧智招、智凛

开山僧璨云

石匠曾世铭、曾世究

乾隆五十年乙巳岁夷则月吉旦

调查与研究

贵州庙，又名荣禄宫、黔省会馆，为贵州商人款叙乡谊、聚众议商之会馆。建于清代雍正年间（1723—1735），坐落于贡井老街十字口西（今新华街21号）。庙宇奉祀"黑神"，黑神者，传说乃明代贵州一位爱民的按察御史（一说贵州苗族王爷），今神像无存。另一说法是供奉岳飞、岳云父子（其理由是该庙西侧门石刻楹联有"报国精

盂兰盆会碑

忠"语）。殿宇式建筑制式，质朴恢宏，木雕石刻精美，风格传统，碎瓷镶嵌，精美玲珑。贵州庙与贡井地区所有会馆、寺庙不同之处为：正殿中部向庭坝凸伸出数米，这是极为罕见的。建筑面积1355平方米、占地面积1600米。新中国成立后，贵州庙作贡井盐厂第一工人子弟学校。现闲置，属贡井区文体局管辖。1989年8月，其被公布为区级文物保护单位；2009年3月，被公布为市级文物保护单位；2012年7月，被公布为省级文物保护单位。

盂兰盆会，农历七月十五日，又称中元节，佛教称为盂兰盆会，是古人祭祀祖先的日子，也是佛教徒追念在天之灵的祭日。故《盂兰盆经》佛为目连尊者说孝子救母之法，也是后世弟子应行之事，即"于七月十五日，佛欢喜日，僧自恣日，以百味饮食，安盂兰盆中，施十方自恣僧，愿使现在父母，寿命百年，无病无一切苦恼之患，乃至七世父母，离饿鬼苦，生人天中，福乐无极"。由此观之，佛家之孝亲是超越于世间孝的，出家并非人们所说的"不认家"，只不过是为修学佛道，将来度脱亲人，作一些必要的牺牲，是舍小取大之举。中元节有放河灯、焚纸锭的习俗，是中国传统的祭祖大节，也是流行于汉文化圈诸国的传统文化节日。

《盂兰盆会碑》（拓片）

贵州庙

　　贡井贵州庙里的盂兰盆会碑，由主碑、碑座、护边组成。主碑碑高2.90米、宽0.97米、厚0.20米，主碑顶端有"丹凤朝阳"浅浮石刻图案；额书"盂兰盆会"四字；序文共五行，满行49字，凡204字，为楷书；乐捐名录因石碑风化和人为破坏，现已无法完整录出；落款尚能依稀辨识；刻石时间为乾隆五十年（1785）。碑座长1.40米、宽0.60米、高0.30米，正面为卷草花纹浮雕图案。护边分别立于主碑下端两侧，高1.15米、宽0.34米、截面0.13米，起稳固、装饰作用。整通石碑简洁中透着精美，质朴中不失庄重，在贡井乃至自贡地区都为鲜见。

贡井东岳庙碑记

释　文

贡井东岳庙碑记

从来井厂产盐国赋攸关，煎办轰烈，工办所致，是工人灶户唇齿相依，理宜和睦一体。不意去冬今岁钱贱粮贵，竟致时钱掺杂难用，而灶户硬将此钱开销工价，亏刻血汗，有名无实，以致工人灶户互控在案，县主□马恩断，工有轻重则资有多寡不一，谕每银一钱合钱一百文，该银一两二钱合钱一千二百文。继因灶户开销工人以银钱各执，角争复控在台，有贡厂井主金错、杨炜文、杨应班、谢天泰、谢天时等，不忍两造参商，遵照县断该银一两二钱合钱一千二百文，劝和灶户等。此后开给工价每月银一两二钱：钱六百文、银六钱均平各半，其钱其银俱照市通用，以无为式，至于工价之或多或寡概按此扣算，工人灶户日后再不得以银钱价值低昂偶变，遂各执偏徇，挟私纷争。两造俱悦服平清，各亲笔出具遵依甘结无辞在案。工人等不愿日久弊生，特将工灶悦服情词缕晰勒示，以杜后患，以垂久远。

工灶两凭

乾隆五十五年七月初四日贡井众姓等公立

高峰陈国贵书[①]

调查与研究

东岳庙，位于贡井河街44号，即大公井遗址所在地。清乾隆十四年（1779）（据庙里一块残碑底座上刻字），在原大公井遗址上修建。东岳庙前临旭水河，后傍天池山，庙宇叠叠重重，神像奕奕神采。今仅存正殿一例，殿前有空坝及石栏杆。原殿有生肖

---

① 引自宋良曦、钟长永著《川盐史论》，四川人民出版社1990年10月版。

十二殿，展现十八层地狱之情状泥雕。殿外尚存月台及石栏，据考为明代建筑风格。

　　大公井开凿于北周武帝年间，为贡井地区最早的一口盐井，因该井而设公井镇、公井县。因此井盐卤质纯味美，曾作为朝廷贡品，故将公井改名贡井。大公井作为自贡市因盐设镇设县进而合市的盐井之一，具有其独特性和代表性。其遗址是贡井地区开创盐业生产的实物见证，也是贡井行政区域演变的物证，具有很高的历史价值和文物价值。大公井遗址于2009年2月被公布为自贡市文物保护单位。

　　贡井东岳庙碑记，开篇陈述盐业生产，攸关国家税收大事，工人与灶户（盐商）是唇齿相依的关系。继而记录因"钱贱粮贵"，导致工灶不睦互相诉讼，闹到县大老爷那里。在县大老爷调解下最终工人、灶户都心悦诚服。为不致日后生变，重蹈覆辙，杜绝后患，特将此事刊碑，以维护双方合法利益，并以碑为工人与灶户互相监督的凭据。镌碑时间为清乾隆五十五年，即1790年，距今230余年。为"贡井众姓等公立"，"贡井"这一名称，最早见于此。书碑者是高峰陈国贵，其人生卒、事迹待考。

东岳庙（大公井）遗址

毓青祠"黉宫首选"牌匾

释 文

钦命提督四川全省学院山东道监察御史稽查储济仓事务加三级吴题
黉宫首选
亲族等仝贺 道光三年岁在癸未季夏月望七日吉旦

调查与研究

毓青祠乃程家场（现成佳镇）蓝氏家族宗祠，位于今贡井区成佳镇凤鸣村5组，2013年成佳镇进行工业园建设项目拆除。毓青祠内一牌匾、一神龛移入贡井陈家祠堂保管。

"黉宫首选"牌匾

据《蓝氏族谱》记载，蓝氏"其世系起汝南（今河南省汝南县、汝宁县、上蔡县一带），炎帝时有熊国以秀蓝入贡，适昌奇公生，遂赐蓝姓焉，封汝南郡"。清康熙庚子年（1720），入川始祖蓝永赖率领五子及家眷共9人自闽入蜀分散各地。其四子蓝惟芳带家眷迁徙至嘉定府荣川乡程家场周家湾定居。因其轻财好义，积德累仁，行商屯田，重礼治学，兴宗基业。其子孙经百余年奋斗，家业迅速兴旺，成为当时程家场屈指可数的望户。随着家业日隆，家族中的有识之士念及先祖辗转迁徙，生生不息，奋斗不止的功德，发动族人捐资修建祠堂，取名"毓青祠"，以此尊祖睦族，弘扬先德。

毓青祠始建于清道光一年（1821），清同治年间，遭受回禄之灾（火灾），又于清同治七年（1868）重建。据清同治五年（1866）蓝氏后人所绘祠堂图显示：毓青祠坐落在古程家场西侧贡井至荣县的盐运古道旁，祠堂主体为砖木结构，二进四合院布局，由山门、正堂、左右厢房组成。牌坊式山门为四重檐歇山顶，气势雄伟。正堂设计别具一格，主厅及献技房面阔三间，横向布局小轩窗歇厅两间，纵向分布大门两侧，马鞍形风火墙护卫整个祠堂。

毓青祠在建成之后，特辟专室为蓝氏私学。清道光三年（1823），适逢时任四川学政道监察御史吴杰出京稽查储济仓（储粮）事务，至川南嘉定府顺查学政，有感于此，慨然题赠"黉宫首选"四字，以示褒奖。黉宫也作黉门、黉校。即学宫、学府（校舍）。《幼学琼林·卷三·宫室类》："黉宫胶序，乃乡学之称。"《儒林外史·第六回》："身在黉宫，片纸不入公门。"

"黉宫首选"牌匾形制为长方形阴刻，木质结构，长3.3米、宽1.21米、厚0.06米。左右各竖刻一行小字，右款为"钦命提督四川全省学院山东道监察御史稽查储济仓事务加三级吴题"（古代官员，在给人写正式文章时，会把各种奖励、官衔和朝廷的赏赐等引以为傲的荣耀写出来，以展示自己的地位和身份。在目前所见的各种老家谱、墓志铭、牌匾等中，我们经常见到这样的情况，本篇上述"右款"即是一例），左款为"亲族等全贺　道光三年岁在癸未季夏月望七日吉旦"，亦为阴刻。

牌匾题书作者吴杰（？—1836），字梅梁，浙江会稽（今绍兴）人。少能文，为阮元所赏识。以拔贡生应天津召试，取二等，担任文颖馆誊录。嘉庆十九年（1814），成进士，选庶吉士，授编修，迁御史。道光二年（1822），督四川学政。道光十五年（1835），擢工部侍郎。次年卒。

自清道光至光绪年间，毓青祠蓝氏私学，培养出两个举人、一个进士、数十个监生，受到朝廷嘉奖和重视。此地既是蓝氏家族宗祠，亦为清朝私办学府，民国时期又为保国民小学，可谓学风浓郁。新中国成立初期，为荣县程家乡政府驻地。1953年乡政府迁址万寿宫后，交回给蓝家人居住。经数十年风雨，毓青祠早已破败不堪，面目全非。2013年，曾经显赫几世的毓青祠湮没在了大拆迁的尘埃之中，所幸祠内牌匾、神龛犹存。

豹子山古战场残碑

释 文

同时死难部将□□□□□□□□□……

□□□□□□□□……

皇清诰封武显将军钦赐捍勇巴图鲁赏戴花翎副将衔张公殉难处

□□□□□□□□□……

同时阵亡部卒共三百七十余人

光绪元年乙亥仲夏塑□□□……

本邑士□□□……

豹子山古战场残碑

豹子山古战场残碑之一

调查与研究

据《贡井区志》（四川人民出版社，1995年3月版）记载："清咸丰十年（1860）2月，李永和、兰大顺农民起义军2万人自云南入四川，所向披靡，旌旗直指自贡，清廷震惊，急调蜀、陇、秦、晋精锐部队赴川镇压。义军避实就虚，经叙府克自贡，所至之日，官绅商贾遑遑逃遁，市民张灯结彩欢迎，盐工、小贩、农民纷纷参加义军。月余，义军扩展至10万余人，声势浩大，分驻重兵于境内，以天池寺及谢家松林为犄角。相距不远的清军挑督蒋征浦、虎嵩林不敢迎战。同年2月上旬，义军一部分自富顺绕道回贡井，渡中溪河遭清将明跃光伏击，死难300余人，上下愤慨，誓报仇。16日，兵分两路袭击清军：一路出桥头铺袭驻高坳清军；一路出李子桥东进诱敌深入，行至沙子坡（今建设乡固胜村）与清将张万禄战，佯败，自大路退转唐家坝。张邀功心切，抄近路袭击义

豹子山古战场残碑之二

军，两军激战于豹子山（今固胜村）。久战，清军势孤，退居山顶待援。下午三时许，义军化装为清军，呼援军到，张信以为真，下山。稍近，始辨认出是义军，知中计，但已失地利，陷重围。义军斩清军副将张万禄，参将施家泽，都司吴××，士卒300余人，清军全军覆灭，义军大捷。清总兵虎蒿林闻讯，化装潜逃。"

豹子山之战以李兰义军大捷告终，也一雪丁中溪河战败之辱。在豹子山战事遗址附近农舍水沟和地塘边，尚存三块残碑，其中两块字迹可辨。石碑正中一行楷书大字"皇清诰封武显将军钦赐捍勇巴图鲁赏戴花翎副将衔张公殉难处"，两旁刻着襄阳籍部分阵亡部卒名字。其实这三块残碑，是一通刻于清光绪元年（1875，也就是战后15年）的碑，是由当时地方士绅为战死的清军副将张万禄及同时阵亡部卒三百七十余人而立。石碑在"文化大革命"中被拆除并砸成几块，被村民抬去做了沟板等。

豹子山之战，是李兰义军与清廷为争夺富荣盐场而展开的拉锯战，从这一侧面亦不难看出清廷对于富荣盐场盐业税收的高度重视。

陈家祠堂"瑞气长凝"匾额

陈家祠堂"瑞气长凝"匾额

陈家祠堂

陈家祠堂戏台栏板木雕

释 文

瑞气长凝

调查与研究

贡井陈家祠堂"瑞气长凝"石质匾额，为阳刻，悬置于祠堂左侧门（正大门及右侧门目前为民居房屋所占据）。匾额长2.50米、宽1.05米，匾额四围雕刻有花草饰图。"瑞气长凝"四字榜书，端庄大气，妩媚多姿。瑞气长凝，吉祥语词。瑞气，瑞应之气。泛指吉祥之气。语出《晋书·天文志·中》："瑞气，一曰庆云。若烟非烟，若云非云，郁郁纷纷，萧索轮囷，是谓庆云，亦曰景云。此喜气也，太平之应。"

陈家祠堂建于清光绪二十七年（1901），占地面积760平方米，系陈氏家族宗祠。整体建筑为四合院布局，砖木结构，有戏楼、正堂、左右厢楼，四周以山墙环绕和衔接。戏楼与正堂之间有院坝。祠堂内木雕、石刻、泥塑遍布，精美绝伦。

据民国版《荣县志》记载：清雍正八年（1730）设荣县贡井分县专署盐务，历八十二任县丞。清末，贡井分县县丞衙门（县丞署）设在与陈家祠堂一墙之隔的今顺河碥路35号和平路小学所在地（志书上所谓"新街"，县丞衙门在1940年代改做学校，1949年后为和平路小学，1990年代中期拆除），陈家祠堂亦因陈家家业式微变卖而成为县丞居所。

陈家祠堂不仅是研究清代川南地区民间宗祠建筑的重要见证，而且是贡井现存因盐设县的重要历史物证，有较高的历史、文化、科学价值。祠堂内戏楼雕梁画栋，正堂广敞宏丽，冷窨设备一应俱全，由是可窥贡井盐业的富庶。因其具有民间祠堂与县丞居所的双重性，2007年被公布为四川省文物保护单位。

江西庙照壁 "白云深处" 塑字

释 文

白云深处

调查与研究

贡井江西庙，又称万寿宫、豫章会馆，是指江西籍盐商于清中叶（具体时间不详）在贡井修建的会馆，建有馆所，供同乡同行集会、寄寓之用。西江庙地跨两街（老街、新街），建筑奇雄，金碧辉煌，为贡井各会馆之翘楚。有大小山门、戏台、庭院、照壁、钟鼓二楼、八角亭、走楼、厢楼、大殿、配庑等，主殿供道教真君神像。从大山门至小山门有半月形的敞坝贯通，江湖上各行各业在此摆摊设点，俗有"扯谎坝"之称。

民国早期，江西庙为警察局警营，抗战时期为旭川中学校址，1949年后改建为粮仓。如今，江西庙被改拆得面目全非，仅存照壁一道。2019年5月，贡井区文物管理所挂牌为区文物保护点。

照壁长8米、高5.5米，壁顶飞檐翘角，蔚为壮观。照壁上部正中从左至右瓷片阳嵌楷书"白云深处"四个大字，四周以瓷框作饰，据目测框长3米、高1.5米，书法遒劲婉约，格外引人注目。

"白云深处"语出唐代诗人杜牧《山行》："远上寒山石径斜，白云深处有人家。停车坐爱枫林晚，霜叶红于二月花。"自唐以降，"白云深处"入诗词者屡屡可见，如黄庭坚《水调歌头·游览》有云："我欲穿花寻路，直入白云深处，浩气展虹霓。只恐花深里，红露湿人衣。"陈德武《木兰花慢·一春看又尽》有云："好收拾兰庄，白云深处，咏卜居篇。"无名氏《一寸金·堪叹群迷》有云："看自然天乐，星楼月殿，鸾飞凤舞。白云深处。壶内神仙景，谁肯少年回顾。"

江西庙照壁"白云深处"塑字

江西庙照壁

熊家沱"泰山石敢当"刻石

释　文

泰山□□□【石敢当】

泰山石敢当全景

熊家沱上码头石栏杆

调查与研究

熊家沱码头位于贡井街老街子社区，有上、下两个码头，相距不到100米。上码头建造于清中期，占地面积80平方米，现保存基本完整。该码头整体呈倒"S"形梯级式，码头为正方形，长宽各3米，3级踏步，踏步宽1米，整段石梯左侧保存有部分老石栏杆。熊家沱码头是贡井旭水河段修建较早，现仍保持原汁原味的一座古盐运码头，与岸边古树、民居、古石堡坎、古石栏杆形成一幅古韵浓郁的山水画。2019年5月，贡井区文物管理所挂牌为区文物保护点。

泰山石敢当

"泰山石敢当"刻石，立于熊家沱上码头上行约50米处右侧（顺岩碥86号民居）。刻石地面通高0.9米，其中"泰山"二字高为0.35米，狮首高为0.55米，刻石宽0.38米，刻石厚0.15米，怪兽处厚0.25米。不知何故未见"石敢当"三字，据当地居民介绍，刻石原立于码头处，大约是1950年代中期移置到现在的地方。极有可能是在移动过程中，"石敢当"三字被损毁了。"泰山"二字高度为0.35米，推测"泰山石敢当"则应为0.9米左右，那么整通刻石高应在1.45米上下。熊家沱码头"泰山石敢当"狮首浅浮雕张力十足，栩栩如生，刻功精湛。

泰山石敢当，又称石敢当，旧时宅院外或街衢、桥梁、码头或道路要冲建筑的小碣石碑。因碑上刻"石敢当"字样，故名之。在碑额或碑下端还有狮首、虎首等浅浮雕，作为民间驱邪、禳解方法之一，此风俗始盛于唐代。泰山石敢当习俗从内涵上体现了"保平安，驱妖邪"的愿望。2005年12月，国务院将其公布为首批国家级非物质文化遗产名录。

有关"泰山石敢当"的文字记载最早见于西汉史游的《急就章》："师猛虎，石敢当，所不侵，龙未央。"元代陶宗仪《南村辍耕录》中记载："今人家正门适当巷陌桥道之冲，则立一小石将军，或植一小石碑，镌其上曰石敢当，以厌禳之。"《辞源》中解释："唐宋以来，人家门口，或街衢巷口，常立一小石碑，上刻'石敢当'三字，以为可以禁压不祥。"

天池禅寺民国癸丑碑

释 文

民国癸丑残碑

荣邑贡井自治会议决天池寺修建寺……

一、庙内确定住持平均每年共给衣箪费用……

治会由庙产收入款项内支给不得逾境……

当恪守规则倘有不法行为一经查确实……

一、每年香灯等费共钱叁拾贰钏由自治会……

得增减

一、庙内森林该住持尤当加意保护无论何……

妄伐如违得呈报地方长官从严罚办……

贡井自治会公立

中华民国二年癸丑岁孟冬月上浣谷旦

民国癸丑旧碑

荣邑贡井东天池古刹，为前明邹蟾春先生施业。庙貌巍峨，林木茂密，洵本地之大观，由明以来历数百年矣。前清宣统年间寺僧果斌，淫荡无行，竟将庙业蒡卖。经蟾春先生后裔邹悫先等查觉，呈控上游，愿将庙宇及产业捐入贡井自治会，由藩司暨自治筹办处处长批准在案，文行到县，贡井自治会乡会董黄绶等奉札接领管业，今逾四载。首等以蟾春先生乐施于前，其后人复热心公益，深恐善善相承之举久而湮没也，故书之以作纪念云。

贡井自治会乡会董黄绶、李明远、黄光荣、刘永清公立

中华民国二年癸丑岁孟冬月上浣日谷旦

民国癸丑残碑　　　　　　　　　　　　　　　民国癸丑旧碑

调查与研究

贡井天池禅寺始建于宋仁宗嘉祐年间（1056—1063），由江南智禅大师创建，初名海潮寺，宋末毁于雷火。明洪武二年（1369）重建。万历年间得御赐金佛七尊，明末毁于兵燹。清顺治四年（1647），峨眉山大乘寺本悟和尚重建寺院。乾隆二十八年（1763），荣县知县黄大本亲书"天池禅寺"金匾悬于山门。

现在嵌藏在三宝殿内的两通民国石碑，一般不为人们所知。三宝殿也叫西方三圣殿，为天池禅寺保存下来的为数不多的老建筑之一。建于清初，为重檐歇山小青瓦全木结构，古朴而典雅。两通石碑，即在此殿被发现。石碑的发现为了解寺庙历史兴衰提供了实物物证，对于进一步研究天池禅寺之遭递传承有着重要意义。

天地禅寺

天地禅寺灵塔

两通石碑均刻立于民国二年（1913年，癸丑）十一月间，碑面文字清晰可辨。其中一通已残，姑且称为癸丑残碑；一通则完整无损，姑且称为癸丑旧碑。现分述于后：

癸丑残碑：因其嵌在墙壁上，稍不留心，即有可能认为是一通整碑，细读碑文，则会发现它是一通残碑。现存石碑碑高0.95米、宽0.59米。正文共八行，凡116字。每行的最末文字与下一行起始文字是读不通的。寺内僧人讲，此碑乃1980年代，释宏光主持重修寺庙时，从猪圈内搬来，嵌入墙壁上的。文字读不通的原因，据初步分析极有可能是，石碑在猪圈时已经残损，为整齐"美观"计，未将残损部位嵌现出来。大致看得出碑文共有三款内容：一是确定住持的衣箪费用规定，一是香灯等费的来源，一是保护森林不得妄伐。显然，碑文具有条规约束性质。

癸丑旧碑：此碑亦如上述残碑一样，也是嵌在墙壁上的。碑高1.38米、宽0.76米，比残碑大约四分之一。正文共九行，凡173字。立碑是恐邹蟾春及后裔邹悫先"热心公益，善善相承之举久而湮没也"而立。立碑人则是贡井自治会乡会董黄绶、李明远、黄光荣、刘永清四人。

碑文为我们记述了一段天池禅寺的历史掌故：原来，在明代即有邹蟾春信佛而将其产业捐给寺里。清宣统年间寺僧果斌"淫荡无行"，变卖庙业，供自己挥霍。邹氏后裔邹悫先察觉后，上呈文"愿将庙宇及产业捐入贡井自治会"，自治会乡会董黄绶等接管了庙宇及产业，天池禅寺因此重获新生。

黄绶何许人？即贡井著名盐商黄敦三。《觉圆笔记》："黄君敦三，世居黄泥塘，巨族也。晚年倡设同济善堂，集基金二十万，闻风捐助者络绎不绝，岁济贫民无数。"赵熙称他"盖佛国长者"。看来，黄敦三不仅是一位盐商，更是一位乐善好施的佛门长者。

两通石碑在落款上亦颇费心机，残碑以"贡井自治会公立"为款，具有行政、法规上的约束力。旧碑以"贡井自治会乡会董黄绶、李明远、黄光荣、刘永清公立"为款，则更具有人文关怀的邑乡情结。贡井自治会是辛亥革命荣县保路同志军攻下贡井后成立的，由同盟会员主持，推举开明盐商士绅等组成的具有地方行政权力机构。袁世凯选为总统后，统一全国建制，各地遂取消军政府、自治会等。贡井复归荣县治下，仍设为分县，置县佐（副县级）执政。

其实，"癸丑残碑"所载内容实际上就是黄敦三接管寺庙后，拨乱反正、重振寺风寺貌的重要举措。邹氏、黄氏诸先贤对于天池禅寺之贡献，可谓大矣。岁月无情，石碑有意，善善相承之举日久而弥新。

会济善堂记碑

释　文

会济善堂记

善堂在公井，其规则别箸录，其材力雄视江海大埠，其事集众善为之。其出巨财创始者，黄敦老也；其奋大力久成者，黄敦老也。敦老名绥，蓋佛国长者。少好善，老如之；贫好善，富如之；治世好善，乱世如之。综一生，唯善之图。前生蓋持十善，戒十善者。杀、盗、淫，身戒也；恶口、两舌、妄语、绮语，口戒也；贪、嗔、痴，心戒也。当为者，不为即犯；不当为者，为即犯。犯则为十大恶，转十恶即成十善。世善莫如施，财施修福，法施修慧。十善兼进，则福慧双修。善乎基大师言：内修者内修己身，所应成就自利，功德即大智，等而为上首；外修者外修利它，所应成就利它，功德即大悲，等而为上首。敦老居公井，为唐州治，凡今东西场，皆荣地丛丛万商之渊。人今勇造杀劫，敢贡言诸大德，虔持西方圣人书。善堂乎？天堂殹，佛堂殹！屠维大荒落玄月，赵熙记。

调查与研究

《会济善堂记》四通碑记，石碑原立于贡井井神庙会济善堂内，现为自贡市盐业历史博物馆收藏。碑高1.5米、宽0.56米，厚0.7米，正楷阴刻。刻碑时间为民国十八年（1929）。记碑每通5行，共20行，第一行"会济善堂记"5字，尾款1行"屠维大荒落玄月，赵熙记"10字，正文18行，每行15字，共270字，全文凡285字。

贡井井神庙坐落于天池山南麓老鸹坡，始建于清嘉庆年间（1796—1820），殿宇式建筑，为贡井盐商供奉梅泽（后又追加井神颜蕴山）的庙宇。会济善堂成立于民国十一年（1922），堂址设在井神庙之南四合院，简称"善堂"。会济善堂是由"黄宜堂"的黄敦三、"多庆堂"刘栋义、"罗三怡堂"的罗述三三位贡井大盐商捐银作基金而建立

上左：会济善堂记碑（之一）

上右：会济善堂记碑（之二）

下左：会济善堂记碑（之三）

下右：会济善堂记碑（之四）

084

起来的济善机构（如今之慈善机构）。其济善项目包括设立贫民初级小学二个，对鳏寡孤独生活无着者济米、病亡时济药施棺等，体现了我们民族乐行善施的传统美德。二十世纪九十年代，井神庙已破烂不堪，山门及戏楼早已拆建得面目全非。2005年整体拆除，仅尚存屋基和山门前的月台。

据黄书云（黄觉）《觉圜笔记》载："黄君敦三，世居黄泥塘，巨族也……性好善，凡利济事，无远近，为所闻，辄踊跃为众倡……于井灶馀利中，提若干为善款，众俱乐从。而利乃日厚，故善亦益宏。省政及大总统均颁匾给衔以旌之。晚年倡设同济善堂，集基金二十万。闻风捐助者络绎不绝，岁济贫民无算。"可见黄敦三是善堂的倡导者和集资人。

贡井井神庙遗址

碑记作者为清末民国四川大儒荣县赵熙，对黄敦三多有褒词，称黄为"佛国长者"，可见赵黄二人交谊之深。赵熙（1867—1948），字尧生、号香宋，蜀中"五老七贤"之一，世称"晚清第一词人"。"工诗，善书，间亦作画。诗篇援笔立就，风调冠绝一时。偶撰戏词，传播妇孺之口。"蜀传有"家有赵翁书，斯人才不俗"之谚。有《香宋诗前集》《香宋诗钞》《香宋词》《赵熙集》等传世，主持修纂民国版《荣县志》被誉为巴蜀名志。

碑文中的基大师指唐代京兆长安人窥基法师，法师俗姓尉迟，字洪道，又称灵基、乘基、大乘基、基师，或单称基，俗称慈恩大师、慈恩法师，其宗派则称唯识宗或慈恩宗。貌魁伟，禀性聪慧。十七岁出家，奉敕为玄奘弟子，入广福寺，后移住大慈恩寺，从玄奘习梵文及佛教经论。或谓窥基初拒玄奘之命而不断世欲，行驾三车相随，前车载经论，中车自乘，后车载家妓、女仆、食馔，遂有"三车法师"之称。

落款"屠维大荒落玄月"，指己巳年，即民国十八年（1929）农历九月。屠维大荒落，《尔雅·释天》："〔太岁〕在己曰屠维……在巳曰大荒落。"己巳年按太岁纪年即为"屠维大荒落"年。玄月，农历九月的别称。《国语·越语下》："至于玄月，王召范蠡而问焉。"韦昭注："《尔雅》曰：'九月为玄。'"

大 安 区

庙坝葛仙山摩崖题刻

释 文

葛仙山

调查与研究

自贡东部边陲小镇——庙坝，是沱江入自贡境域第一镇。东南与隆昌相邻，西南与牛佛接壤，北与内江一水之隔。民国时期，境内有观音阁、牛王庙、南华宫、崇菓寺、川主庙、东岳庙、药灵寺、土地庙等十余座，寺庙相连，香火鼎盛。因其地势平坦如坝，称之"庙坝"，庙坝之名沿用至今。2005年，自贡市行政区划调整，庙坝镇从原富顺县划归大安区管辖。

庙坝场镇之西有山曰"葛仙山"，据民国《富顺县志》载："葛仙山距县（指富顺）九十里，发脉隆昌之天峰诸山。入县境，少折而西顿起诸峰，峥嵘磅礴。"葛仙山因纪念葛洪而得名，葛洪（284—364），为东晋道教学者、著名炼丹家、医药学家，字稚川，自号抱朴子，晋丹阳郡句容（今江苏句容县）人。三国方士葛玄之侄孙，世称小仙翁。他曾受封为关内侯，后隐居罗浮山炼丹。著有《肘后方》等。当地人习惯称此山为"大脚仙"，山上有巨石，巨石之上有一长1米、宽30公分、深近20公分的巨人脚印，传为葛洪来此得道成仙，借石一步登天，飞身而去留下的脚印。

在入山公路左侧石壁上有"葛仙山"三字摩崖石刻，长4.4米、高1.3米，字径三尺许，深三寸，县志载："颇似宋人书法或云唐刻。"虽有风化，然字迹尚清晰可识。

宋淳熙甲辰年（1184），建崇菓寺，明永乐二年（1404）重修。庙宇恢弘，金碧辉煌。寺前照壁，刻有"西蜀名山"四个大字；寺内有明代大学士李长春《葛仙山》碑记；达天上人楹联："法性山高，顿落群峰之峻；醍醐海阔，横吞众派之波"；尚书李本修修殿庑碑；内江何起鸣题"第一名山"石刻。民国初年，能源大师主持崇菓寺，任

"葛仙山"摩崖题刻

葛仙山寨门

方丈。大师有四弟子,洪钟、洪玉、洪成、洪哲法师。民国二十二年（1933）,内江马路局招标拍卖崇菓寺庙产,经庙坝场佛教协会据理力争,每年留租八石,雇大师四弟子看守佛寺至1949年。

葛仙山集中保存有唐宋以来石刻佛像及摩崖题刻,其中以千佛岩为最胜。千佛岩石刻依据释迦牟尼佛"末法时期,有千佛出世"而刻成。计有千尊佛像,言其多而得名,每尊佛像高约35公分,依岩分层趺座,栩栩如生,惟妙惟肖。1988年4月,富顺县人民政

葛仙山寨门"大脚仙"

府公布"葛仙山摩崖造像和石刻"为县级文物保护单位。

清代道光进士、内江人王果曾将葛仙山的美丽风光归纳为十景：曰仙台飞舄、曰佛洞停岚、曰神井甘泉、曰丹亭碧雨、曰云池清冽、曰纽石玲珑、曰东谷松涛、曰西江波月、曰崖榕荫蔽、曰北巘鹰翔。

明代李长春《葛仙山》、清代王果《大葛仙山游记》，是葛仙山最为重要的两篇历史文献，值得认真研究。

洞云村摩崖题刻

释　文

登云大道

万历戊子冬吉旦

陈鳌宇题

"登云大道"摩崖题刻（全景）

"登云大道"摩崖题刻（局部）

调查与研究

泰山石敢当

　　洞云村摩崖题刻，位于今大安区三多寨镇洞云村，原属鸳鸯乡，旧名茨沟寺。茨沟寺地处东、西、北三面山峦峭壁所形成的洼地，洼地底部依山傍崖，于明嘉靖年间建有一座宏伟的茨沟寺。今寺庙已毁，遗址尚存。在寺之东、西崖壁尚存多个古代僚人长方形横式岩墓穴、佛龛及题刻。

　　茨沟寺西崖石壁刻有"登云大道"四个楷书双钩大字，题刻长3.1米、宽2.1米，字高0.46米、宽0.6米，分布面积约6平方米，为明朝万历戊子（1588）年冬陈鳌宇榜书镌刻。陈鳌宇生平不详，待考。石刻保存极为完好，无苔藓浸扰。题刻上端有佛像一龛，佛像头已毁，近年被村民修复成戴冠头像，左右各有弟子1名。题刻右侧10米崖壁处另有佛像3龛，龛内皆为三佛浮雕，因风化严重，已难以辨识。佛龛左侧有题记："大清嘉庆十一年丙寅岁（1806年）夏月吉旦，绘士戴富元、石匠张国安"云云。题记石龛纵0.5米、横0.4米。

　　这里是古盐道东大路的必经之地，东大路西起自流井，经大山铺、鸳鸯乡、何家场，至牛佛渡，全程90华里。茨沟寺一带的石板路梯蜿蜒于山谷间，从谷底望去，仿佛

茨沟寺古盐道

升于云端，故称"登云大道"。1950年代后，井（自流井）牛（牛佛）公路建成，东大路逐渐淡出。如今石板路梯湮没于杂草丛中，任凭风雨洗涤。

茨沟寺东崖石壁另有题刻一通，阴刻"泰山石敢当"五字，字旁阴刻八卦形符，上端刻有巨兽面孔浮雕。石刻为竖式，高约1.6米、宽约1.4米。

题刻之左另有小佛龛一孔，佛像早毁，近年为村民另置观音瓷像于其内。龛上刻有楹联云："慈心浑似弥陀佛；浩宇还同紫竹林。"

题刻之右即为摩崖造像一龛三尊，为释迦牟尼与弟子迦叶与阿难。大佛头像毁于20世纪60年代，近年村民自行修复造像，造成佛像面目全非。今人称之为洞云禅寺。寺内左下壁有刻碑一通，刻有："清嘉庆丙子（1816年）冬月"等字，碑高1.10米、宽0.92米。碑文因风化和人为破坏，已不能通读了。

洞云村摩崖题刻，不仅历史悠久，而且刻工细腻，极具明代特色。尤以"登云大道"题刻更具文物价值，它是自贡地区盐业运输业发展历程极为重要的历史见证，对于研究盐运具有不可或缺的意义。作为古盐道东大路的必经之地，这一带每天自拂晓起，人挑、牛驮、马载，往返盈途，何等壮观。而这一切发生在距今已太遥远的明代万历年间，不能不说是盐都又一引以为豪的物证。1995年1月，大安区人民政府已公布其为区级文物保护单位。

创修回龙桥碑铭

释 文

创修回龙桥碑铭

周官司险周知其山林川泽之阻而达其道路野。卢氏掌□□□

甚急。创始为难，徒扛舆梁之，不饬致民病涉，非人事所宜，□□□

麓实冲汉安雒源孔道，岸南北往返者踵交接也，每令□□□

隆冬水涸颇赖以济，至夏潦秋霖，奔流碛错，莽成巨浸，□□□

欲创造而艰于费，噫其今有所待欤。嘉庆丙寅秋，里人□□□

乐善者咸伙助之，获白金六百有奇。以是年仲冬初旬，庀材鸠工□

坚筑前后，甃石为坎，以防崩堳。董事者身肩其责，晦息明兴□□□

阔一丈二尺，长八丈，闳阔雄壮，巍然焕然，工巨而人忘其劳□□□

策驷朝往暮归，担负行吟，暂来久憩，叹济之不濡，欣利涉□□□

期于永久。是役也，因天时乘地利得人和，去危就安，一劳永逸。

告行路君子铭曰：

回龙之麓汇厥溪流，自昔无梁厉揭是忧，更有急湍恒苦病□□□

爰募同人共襄胜举，锱铢是捐，功惟时叙，赀由人给，力乃工输，□

者雀跃，过者凫趋，珑玲空洞，自昔所无名，以回龙永镇梓里□□□

吏部楝选知县癸卯科举人严陵柏峯氏陈嘉祚撰

贡生刘德馨捐银卅五两

武举王登毅捐银廿二两五钱

总首陈明烜捐银三两

僧道安捐银八两

谢伯振捐银六两

监生陈廷举捐银五两

监生余桂捐银五两

万绍武捐银四两

钟锡龄捐银四两

王书桂捐银五两

黄成龙捐银三两

江梦龄捐银二两

江梦熊捐银二两

年峊仁捐银二两

黄学元捐银一两二钱

嘉庆十二年丁卯春三月中浣良吉

僧诚应校勘

创修回龙桥碑铭拓片

创修回龙桥碑铭（局部）

调查与研究

回龙桥，坐落于大安区大山铺镇大山村釜溪河支流李白河上。清嘉庆十二年（1807），由当地人士发起聚资而建。其桥头立有牌坊，坊中次间嵌碑铭以记建桥始末。1960年代，回龙桥改建为桥堰一体的石桥（其堰名为"世平堰"）。

"回龙桥"桥名双勾刻字

回龙桥牌坊为四柱三门三楼，牌坊宽6.3米、高4.4米。整体结构简洁朴素，滴水之下无斗拱造型，两侧次间嵌有石碑铭文，其右侧碑文为清举人陈嘉祚所撰《创修回龙桥碑铭》（陈嘉祚，威远严陵镇人，余不详，待考），石坊两面正

1960年代，回龙桥改建为桥堰一体的石桥

匾均刻有"回龙桥"三字楷体榜书。牌坊正面楹柱有联曰："玉砌永垂随涧涨；舆梁高架任溪流。"背面楹柱有联曰："翠锁溪边皇路稳；烟消陌上野云平。"因年久失修，坊上有部分坊脊滴水鸱吻等均有局部毁损，抱柱石仅存三个，且残缺全损。

牌坊明间下是一条石板路，是旧时连接自流井盐场和沱江牛佛渡的著名"盐担子路"——东大路。清代初年，自流井盐业发展很快，靠水路外运盐巴已经满足不了各地的需求。据回龙桥碑铭记载，此桥为通往汉安雒水（今内江地区）的古桥。回龙桥毗邻大山铺老街，是自流井盐业运输的重要通道，从石板路的分布看，经过回龙桥到达何家场后，一条通往牛佛渡，一条经伏龙到内江。

回龙桥石坊对了解清代自贡地区牌坊建筑特色、盐运古道有重要的历史和文化价值。2007年，与张氏节孝坊、王氏节孝坊等七座保存相对集中的牌坊一起以"凉高山牌坊群"成功申报省级文物保护单位。

重修凤凰桥碑记

释　文

碑额：重修凤凰桥碑记

重修凤凰桥碑记

（略）

道光二十七年岁次丁未孟秋日中浣谷旦

碑柱楹联

山围玛瑙形如锁；

桥翙凤凰势欲飞。

《富顺县志·自流井小溪图》中的凤凰桥位置

重修凤凰桥碑记（拓片）

调查与研究

　　凤凰桥位于大安区凤凰坝双河口附近的旭水河上，距市中心自流井区光大街2公里。凤凰桥昔名永济桥，是当年釜溪河西岸自流井盐场到威远陆上通道中的主要桥梁。

凤凰桥旧影

新老凤凰桥

凤凰桥始建于明万历二十七年（1599），用于盐业运输和交通需要，明末毁于战乱。清顺治初年，自流井名士李如莲复建。清乾隆四十二年（1777）版《富顺县志》记载："凤凰桥，一名永济桥，在县西九十里。通威远。里人李如莲捐建。"又"李如莲，字含睿。明末流贼屠县，父母不知死所，每遇寒食清明，见人家墓祭，即闭户不食，屡致狂疾。家颇富饶，因未能致养，时行施舍，捐修凤凰桥，以承亲志。"清乾隆二十八年（1763）毁于洪水，其孙重铺12孔石板平桥，桥长73.8米，宽1.4米。斯时，富顺文人李芝有《凤凰桥记》记其事：

荣溪发源仁寿，由荣县公井至马脑山足与威远龙会河合流，绕自流井厂而东，为威富二县交界。行旅负载磨至，络绎往来不绝。去二县郭门或七八十里，或百里。辖轩差使公移置迟，故令兹土者，均计未遑。昔有桥名"永济"，莫知创始，明季为流贼蹂躏无有矣。顺治初，族伯如莲喜为施济，出己力捐修，至今百余年，无望洋者。然年久板啮趾摇，行者岌岌。壬午夏，上流骤雨，奔冲荡激，以致倾圮，行者复病。族侄于铨、于钧，如莲孙也，追念先人之志，约其昆季子侄等修砌之，逾月工讫，缺者复完。行者忘其为如莲伯之力，而侄于钧等亦若以此为己力所当为，是可书也。余尝谓，世人有二病：不当为而为与当为而不为。夫当为而不为，为可耻。则当为而为者，为可嘉也。至于当为而为尚可以不为，而卒能为之，尤为可嘉也。吾族中往多衣冠，慕古之士，其后每微，至于今稍变矣。使为人子若孙者，念先人之绪，践陈迹而补葺之，使不至于颠越不可修治，将衣冠累世不绝，可卜也，是桥不其小者与？乾隆二十八年壬午中秋日。

新中国成立后，该桥进行了多次修缮并拆南岸一孔升高以利行船。2017年，旭水河发洪水，从上游冲下的枯树枝杈阻塞水流，抵跨桥墩。水退，以脚手架和木板从断桥处斜搭一便道，以利两岸往复。2019年，夏天洪水将凤凰桥腰斩，尚存在威远那方的一段。

2020年4月，在双河口-凤凰坝综合治理示范项目的施工现场，发现一通于道光二十七年（1847）修建的碑记，碑名为"重修凤凰桥碑记"。记碑高2.6米，底座宽2.4米。碑文中记载了凤凰桥的由来以及此次重修由大盐商颜昌英发起募捐，李振亨等盐商和大富参与捐款，在清道光二十七年（1847）七月重修竣工。碑联为："山围玛瑙形如锁，桥翊凤凰势欲飞。"

凤凰桥作为自贡明代井盐陆路外运的北起点，此通碑记将成为自贡盐业发展的"活化石"，是自贡井盐兴盛变迁的见证物。

牛佛义渡章程碑

牛佛义渡章程碑之一

牛佛义渡章程碑之二

释　文

直隶州用署叙州府富顺县事大足县正堂加五级随带加三级记功三次纪录十次罗为增设义渡以资利济事：

职员王三畏、李陶淑、王余熹、王培信、王美五、王裕祥、王裕麟、胡承梁、杨向荣、颜椿、李人瑞、曾成宪、颜怀悝、颜裕隆、颜□□、王大生、张长泰、冯尚义、李大生、王敦信、义渡首事金光汉、郭茂园、北岸地主金宗祠、东岸地主喻集庆呈称：缘治北七十里，牛佛渡系邑巨镇，地当冲要，镇北隔江一道，直达荣富两厂。每值江水泛涨，人多船少，常遭覆溺。兼之北岸人□□□□斗升□米粮，冒险过渡始能买食，情实可悯。乾隆年间兴设渡船二只，不敷运送，码头地窄，不便停泊，以致小船□□把持勒索，行人苦之，历年已久。今蒙□仁廉访闻积弊，亲往察勘，谕令首人设法办理。地主金宗祠、喻集庆等愿将码头任随义渡船只停泊起载，并约职王三畏及两岸首事、绅商，公同筹缮在于两岸置造渡船拾四只，雇备渡夫随到随渡，不取船钱。不但利济行人，抑且慎重人命。约计一年工资船费需用甚巨，事期久远，计必万金，协恳□仁廉给发官斗二张、官秤一杆，交北岸首事轮流掌管，薄取微资，以资船夫口食。职等均愿仰体德意，踊跃捐资，按年生息，以免掣肘。事期久远，所有请设斗秤，造就、呈验、校准、颁发，以恤民劳而昭详慎，并恳出示镌碑，以经久远。行旅居民均深感戴等情。职等议章程一纸，据此查核。绅王三畏等因牛佛渡北岸，系属隔河，每遇江水泛涨，居民冒险过渡买米，覆溺堪虞，在于北岸请设官斗、官秤，收取微资，以助渡夫口食，并愿捐资，按年生息，两岸置造渡船拾肆只，以作义渡。往来行人以及装载货物，不取船钱分文，以杜勒索、刁难等弊，并据金宗祠、喻集庆等，愿将两岸码头任随义渡船只停泊起载。似此善举，深可嘉尚！除将斗、秤较准，给发并详请各宪立案外，所有议定章程合行出示晓谕，为此示仰牛佛渡过渡人等知悉。首事、绅商等心存利济增设义渡，嗣后官商士庶以及装载货物过渡，均系随到随渡，不取船钱分文，各宜禀遵毋违。特示！

计开增设义渡章程

牛佛渡增设义渡，两岸地主愿将码头、地面义让会上，不取分文。嗣后，永不得借口地主从中把持，以坏义举。

绅商捐银一万余两，仍交厂绅轮流经管，每年生息钱一千。余钏必须选择殷实之家，上保下接，如有亏短，不得□□。

放出未收，立即责令该管之人本利一并赔还，以重公项。每年报首算账，定以十月初一日为准，以便给发义渡费项。

北岸建修公所，每年公举首事二人，轮流经管渡夫工资，以及斗秤行用、补验船只等事，不得稍存私心。其验□□□以及船夫工资，该首人按季赴厂领发。报首算账，每年亦以十月初一日为准，并不改期。缘渡名牛佛，是□□□□□□

（以上为碑一）

□□□所有□□皆得与□□□□□□闻也

一、置造渡船拾肆只，每只平水雇渡夫一名，大水酌情增减，每名每月工食钱叁千文，□□渡夫或勤或惰，应由□□□随时雇遣，并无顶打口岸之说。白昼轮载，随到随渡，不得藉故推延，更不得窜勾小船取钱致于禀究；夜间□□□□派二人听渡，遇有飘荡船只，及船中遗失货物等情，责成听夜者赔还。

一、增设渡船拾肆只，船舱上各写"义渡""不取分文"字样，分泊两岸，轮流转载。不准卖渡小船混泊帮内，□□□扰其义渡船只。自黎明起，至二更为止，遇有急事，不在此例。

一、渡船之设，原以利济行人，然河水泛涨之际，即应封渡，以重人命。况牛佛渡河面宽长，大水难于横渡，稍有不慎，惟恐失事。议定水封大石包，即行停泊，过往行人不得向首人、船夫估逼闯渡。

一、船只推横江，不推利水，且船不离渡。不得挪移别处码头装□□□物。水泛涨，随岸停泊。

一、北岸请发官斗二张，无论船运人挑米粮杂料至北岸义渡，售出者听其自便，每斗取斗资钱贰文。取卖主，不取买主。存米粮仍归卖主，过斗之人不得沾其颗粒，过路未卖者不取，以助义渡经费之不足。

一、北岸请发官秤一柄，凡糖、炭、山货、杂货以及应秤之物，在北岸义渡发卖者，听其自便，每糖百斤酌取秤钱□文，每炭一包酌取秤钱贰文，每山货、杂货百斤酌取秤钱四文，过路未卖者不取，以资义渡经费之不足。

右谕通知

同治六年四月初四日

实刊牛佛渡北岸码头晓谕勿损

（以上为碑二）

牛佛义渡章程碑拓片之一

牛佛义渡章程碑拓片之二

调查与研究

　　牛佛义渡章程碑为清同治六年（1867）镌刻。2008年5月12日，吴远福先生在牛佛镇金星村的山野中发现了第一通义渡章程碑，后来又在别处找到了第二通，两通石碑合璧而为义渡章程的完整内容。石碑为黄浆石质，规格同为：高1.74米、宽0.87米、厚0.14米。牛佛义渡章程碑原刊立于牛佛渡北岸码头（在牛王山下大石包处，今废），1950年代被人搬去用来打造猪圈，后被弃置于荒野，故两碑均有不同程度的毁损。石碑被发现后一度放置于镇政府，现重制碑座立于牛佛古镇贺乐堂内。

现将牛佛义渡章程碑发现及碑文整理者吴远福先生著《牛佛古镇》（2009年9月版）之《隔河千里与牛佛义渡》一文摘录如下：

据道光七年（1827）《富顺县志》，义渡在清康熙年间就开始在牛佛出现。牛佛是沱江流域著名的商贸巨镇，地当冲要。在1991年牛佛沱江公路大桥建成通车前，沱江两岸全靠横渡往来。清代，自流井的井盐东运，隆昌方向的粮食西来，牛佛为咽喉要道。

根据碑文可知，牛佛渡自清乾隆年间兴设渡船二只，至同治年间，已远远不能满足运送所需，以致小船把持渡口，敲诈勒索，令行人苦不堪言。特别是每当江水泛涨，人多船少，常遭覆溺。自流井盐商王三畏堂、李陶淑堂和当地士绅看到这种情景，深感忧虑。遂于同治六年（1867）四月初四日，在王朗云先生的首倡下增设义渡。牛佛渡北岸地主金宗祠、东岸地主喻集庆等积极响应，自愿将私家的码头任义渡船只停泊起载，用作义渡码头。以王三畏堂为首的绅商共捐银一万余两，制造义渡大船十四只，雇备渡夫，随到随渡，不取船钱。义渡船的船舱上写明"义渡""不取分文"字样。义渡船自黎明起至二更止为摆渡时间，遇有急事，不在此例。白昼轮载，随到随渡，夜间派二人听渡，以应急需。

牛佛义渡章程碑为图中左3、左5

义渡章程还订立了安全条款。因渡船之设，原以利济行人，而河水泛涨之际，即应封渡，以重人命。况牛佛渡河面宽长，大水难于横渡，稍有不慎唯恐失事。故议定，当水封大石包时，即行停泊，过往行人不得强迫首人、船夫闯渡。渡船只推横江，不推利水，且船不离渡，不得挪移别处码头装人载物。突发大水，随岸停泊。

由于义渡设立之后，工资船费等需用甚巨，且事期久远，因此对于经费来源，义渡章程中载明了确保义渡永续运行的办法。其一，以王三畏堂等绅商的捐资为基金，按年生息作为义渡经费的主要来源。其二，请求官府给发官斗二张、官秤一杆，交北岸首事轮流掌管，薄取微资，以支付船夫薪酬。设官斗、官秤后，无论船运、人挑，米粮、杂料、糖、炭、山货、杂货，以及应秤应量之物至北岸义渡过渡，完成交易后，酌取斗资、秤钱。只取卖主，不取买主。贮存的米粮及过路未卖者不取，以此来补充义渡经费之不足。此所谓取之于民，用之于民。

牛佛义渡极大地方便了两岸民众和过往商旅。因义渡闻名，招来更多客商，进一步促进了牛佛地区的商贸发展和经济繁荣。自然而然，川盐东运也获得了极大的便利。牛佛义渡自清同治年间始，至1950年初，存续了80多年。清宣统元年（1909）《富顺自流井珍珠山王氏宝善祠四修家谱·卷十二·广编·墓志铭》有"（王朗云）首创牛佛渡义船"记载，与牛佛义渡章程碑相互印证。作为见证历史的宝贵文物，义渡章程碑具有重要的文史价值。

大安寨碑记

释 文

大安寨记

吾哀夫礼义廉让之风，如江河日下，世道人心，几至于不问。而重有感于富顺王朗云观察之筑寨杀贼，为人所不能为也。世道媮薄，人心险诈，凡可以利己损人之事，不惮伤天理，灭伦纪，蹈火赴水，为之如恐不及。即家室之内，操戈相向，有所不计。何论以施济为怀，拔其一毛以利天下。甚矣！观察之筑寨杀贼，为人所不及矣！观察世居富顺之自流井，家素丰，勇于为义。戚族待以举火者，岁施数千金，至今以为常。

自流井故产盐之区，富甲于蜀，五方杂处，食其力者数万计。军饷从出近百万。李蓝构逆觊伺其隙，欲得而甘心。斯时也，居民鼠窜，惶有斗志。土匪峰起，罔有顾忌。

观察捧檄首倡捐，山伐石立寨，周围六里许。垛口如式，为门二，工方半，而贼突出，是为咸丰十年七月十五日也。且筑且战，工匠皆兵，贼不敢逼，遁去。于是，人心益固，集日益多，从之者如归市。皆曰：生我者王君也。观察曰：贼不得逞，且未大受惩创，安知其不复来？乃益增修守备，储薪秸糗粮，广造屋宇，练敢死士千人，名其寨曰：大安，计费五万金。

次年秋，贼果大至，攻寨三十余日，寨人登陴御之。数出奇击贼，贼死者五、六百人。练丁阵亡者王竹君、李遇春、郭邱山、吴东江、王余垞五人而已。贼遇溃，自流井安堵，居民乐业。先是，贼逼寨时，守对山为营，驳及寨中。贼溃后，观察复即其地添设一寨曰：久安，与大安相犄角，规模一如大安而稍杀其制，人望之若重镇焉。

其始终勤办，置生死于不顾，则有吾友周砚民（永年少府）及陈赤文（南部郎）、唐相尧、肖雨生（二孝廉）、文尔焕、邹寄园（明经）、梁星阶（承宠）、陈星三、郭霭如、王茂才、陈时斋十一君之劳不可掩。而出私谷馆数千饥民于围寨之中至四十余日之久，则王培信、王实龄、肖凭修、王发智、陈献彰、黄怀献六君之德不可没，是该可记也。

忆余丁卯冬，游大安寨，主观察家相与谈天下事及守寨击贼，指画如目前。且欲余一言登之石以告后之人。余固知观察坚定刚毅，负有所为之才也。

次年秋。观察访余于成都，且速其成，砚民又以事略来。窃叹变乱以来，涠迹戍帷，窜名攫章，贪天之功以为己功，踵相接。且有自命清流及目不识丁之辈，足不出家园一步，依附一二姻友，冒军功而受牧冬参游之赏者。

观察保卫梓里，数却强寇，使财赋之区，不受蹂躏，而处之泰然，口不言功，若行无所事。尝谓是役也，非众人之同仇不及此，非众之输将不及此。其所以如此，众人之力也，吾何力之有焉。嗟乎！推是心也，岂但保大安寨上告天地而无愧，幽灵鬼神而不疑乎。岂大难，决大疑，以之矣。孔子称孟之反不伐，颜子言志无伐善，观察有焉。此不可令损人利己，一毛不拔，反冒功贪赏，欺君罔上之禽兽不若之小人愧死入地耶。

砚民曰：有是哉，请书之以为寨人壮。[1]

大安寨南寨门

① 引自《大安区重点文物保护单位简介》1996年3月版。

调查与研究

大安寨碑记原立大安寨内，后来石碑被毁，所幸由成都文人刘愚撰写的碑文遗存下来。本篇碑文录自大安区文化局编《大安区重点文物保护单位简介》一书，是书编印于1996年3月。

大安寨，是自贡著名古寨之一，位于大安街后王大山山顶，呈南北向椭圆分布，占地0.7平方公里。寨堡现存南寨门、七座炮台以及清代和民国时期所建民宅22处，其中育才书院、王三畏堂总柜房、王德谦住宅"杨柳树"等建筑保存完整。大安寨始建于清咸丰十年（1860），它是由"厂绅王余照、陈南、黄怀献等奉邑宰胡汝开奉谕集众建"的，首任寨长是王余照（王朗云，复姓王余，名照，朗云是其别号，是自贡老四大盐业世家之一王三畏堂极盛时期的领袖）。

大安寨碑记详述王朗云筑寨原因及抵抗李（永和）蓝（朝鼎）"义军"之"大安寨之战"的经过，极尽其歌功颂德之词。

清咸丰十年（1860）下半年，从云南昭通牛皮寨起事，驰骋入川的"李蓝义军"进驻富荣盐场之自流井，欲占大安寨。王朗云率众坚守寨垣，抗拒了义军的几度攻打。次年6月，李蓝义军部将周绍勇，率十数万之众，以中营山（今钟云山）为营部，分别扎营大坟堡、扇子坝等地，包围大安寨，直逼东寨门。王朗云据险自守，负寨抵抗，月余义军未能破寨。7月11日，周绍勇部再度发起总攻。王朗云指挥若定，拼死抵抗，义军攻势受挫。次日夜，复攻，仍不克。13日，义军决心作最后一强攻，本可以稳操胜券，不料，天气突变，雷电交加，大雨倾盆。义军枪炮弹药全夜湿透，只好作罢。下旬，义军感到攻寨不利，遂从大山铺方向撤去。

王朗云抵御义军攻寨，四川总督骆秉章奏报朝廷，奉谕：王余照赏戴花翎，王大喜。后又筑久安寨，以形成犄角之势，防御义军再次前来攻寨。

王朗云为了领袖盐场，树立威望，标榜自己，于清同治六年（1867），三顾恭求刘愚为其树碑立传。刘愚有感王朗云之盛情，欣然作《大安寨记》。于是，王朗云雇名工巧匠，在大安寨内树立了一块高大的石碑刊刻全文。

刘愚，字庸夫，江西安福人。身高腿长，学问渊博，识见非凡，"目烂烂如岩下电""纵论悬河不竭"，先投于曾国藩麾下，曾拜郭嵩焘等为师，后因个性太过鲜明被分发四川。清同治四年（1865）与王朗云结识，"数相过从"，交往甚密。同治末年，官至同知而止。为一方名士，著有《醒予山房文存》。除《大安寨记》外，还写有《朗云王君墓志铭》。

自流井大坳口碑记

释　文

自流井大坳口碑记

钦加五品衔调署叙州府泸州直隶州江安县正堂加三级　为出示刊碑以垂久远事。照得案据县民宋海兴、戴三锡等先后具控来县,本县亲诣勘讯明确,并移准自流井分县查明牒要呈复前来。查新埭大坳口地段王众生枧管业界内,该处各井所出盐水挑卖与大冲等处灶户煎烧必由此段经过,而众生枧持伊管业,心存垄断,藉路留难,以致各井盐水无路可出,势必卖与该枧转卖,得遂其捆买之谋,则翻水尽用大桶,给价又不遵照时市,县民何辜受此揞累。本县免其深究,亟应刊碑示谕,以垂久远。除王众生枧出路不阻挡切结备查外,特刊碑晓谕,为此示仰井灶业主人等一体知悉。自示之后,各井灶盐水由大坳口运至大冲经行不得以通衢大道因系管业阻滞留难不究外,该员倘敢不遵,如再被控发,定即照例究办。本县言出法随,决不轻恕,尔等凛遵!特示。

右谕通知

光绪四年戊寅岁十月十九日告示　右示刊碑晓谕。[①]

调查与研究

大坳口,位于今大安区龙井街道,大安寨与久安寨交壤之坳口处,故名。青石板铺路,凸凹不平,路面宽窄不均,约在2～2.5米左右,为昔时大坟堡通往罗湾(今自贡火车北站一带)必经之地,两侧多为民国时期所建串架壁土木结构民房。1939年自贡设市之前,大坳口亦属自流井范畴,本篇所收碑记仍依原题,不作调整。但依据现行行政区划,列入大安区。

---

① 引自宋良曦、钟长永著《川盐史论》,四川人民出版社1990年10月版。

牛王庙"牛魂"塑像

牛王庙（今弘法寺）

　　大坳口一带有着深厚的井盐文化底蕴，至今仍保留着大量的盐业遗址遗存。其一为大安地区最为著名的两大古寨——大安寨和久安寨，两寨均为王三畏堂极盛时期由王朗云为抵御"李蓝义军"所筑寨堡。其二为王朗云于清同治十年（1871）为感恩盐场"功臣"——牛而修建的"牛王庙"（今弘法寺）。其三为扇子坝天车群遗址，如今扇子坝虽无天车可觅，扇子坝作为地名却永远铭记在人们心中，如乡愁一缕挥之不去。

　　碑记以自流井分县所出告示并刊碑，刊碑时间为清光绪四年（1878），至今已有140余年。碑记记述了140多年前发生在大坳口的一段盐水挑夫与枧户纠纷诉讼案：大坳口一带各井所出盐水挑夫挑卖给大冲等处灶户煎烧，必经大坳口地段，该地段的枧户"心存垄断"，对挑夫横加阻挡，不让经过，"以至各井盐水无路可出"。挑夫们遂将枧户告到富顺县衙，县衙责成自流井分县查明事实。纠纷以挑夫胜诉告终，县衙作出"各井灶盐水由大坳口运至大冲经行不得阻滞，倘敢不遵，定即照例究办"告示，并将告示刊碑，晓谕"井灶业主人等一体知悉"。

刘光第双寿序联碑

释　文

（一）寿序

诰封奉政大夫刘公举臣六十暨配黄宜人五十寿序

光绪二十年八月二十六日上谕："朕钦奉皇太后懿旨：'本年十月，予六旬庆辰。届时，皇帝率群臣诣万寿山行礼。自大内至颐和园，辇路所经，臣民报效，点景建坛。予不欲过为矫情，特允皇帝之请，在颐和园受贺。讵意倭人肇衅，兴师致讨，征调频烦，两国生灵，均罹锋镝。每一念及，悯悼何穷！前因士卒战苦，特颁内帑三百万金。兹者庆辰将届，予亦何心侈耳目之观，受台莱之祝耶。所有典礼，着仍在宫中举行。其颐和园受贺事宜，即行停办。'朕再三吁请，未获慈俞。敬维盛德所关，不敢不钦遵宣示。"

维时大小臣工，中外黎庶，恭睹诏旨，罔不赞叹，咨嗟动色，有感激流涕者。然使此旨下于皇帝请祝之日，欿然念时局艰难，连岁灾潦频警，务损皇帝之孝思，以宗社为重，坚拒不可其请，则所省虚糜费甚巨。而一切逢迎窥薄怀恩泽之臣，亦有所警动悚惧，收心回面，以图治理。即不然，乘一二鲠谏之士，激切劝止，即止之，省费亦可千万。乃必外衅蠢生，厥氛甚恶。始因科臣之请，不幸园宫先之工程造作，则已太半成就，识者读抑损之词而感之，犹惜有数之财力，费乎无用者已多；且当赋饷奇绌非常，痛诏降之稍晚也。

然使并此无之，则自十月一日至于十七日，其间经费繁大，姑偏言之；彩棚数十里中，戏台数十、经坛数十，已日耗掷数万金。且不论一时人心荒纵，即无非族潜煽，宵小窃发，而持此倾国盈郊、狂喜大乐之气，欲以支（按：本段"然使并此无之……欲以支"因碑残，据《刘光弟集》补录）挂生心蓄锐、久狡且悍之外夷，而破我柔滑洇忍、坚固不可摇之结习，岂不难哉？然则斯诏之宣，其有关社稷生民甚大，非第审机势、善转圜，不容改过之美而已。吾以告吾庆堂也。

庆堂数书来，将为父母寿而乞觞辞。其父举臣君，母黄宜人，均仁齐厚，宜享大

113

年；且素笃余，每出大义相助。余感之，为觞辞其何让！惟是国有大事，民生方蹙，即乡邑间为庆乐，虽不能罢，犹当限减。斯语也以告庆堂，而不可概举臣君。

君之朋凿双（按：上段"辞。其父举臣君"至本段"君之朋凿双"因碑残，据《刘光弟集》补录）福井也，井溢咸水倒喷而升，围尺之口，盖二百数十丈，出口犹能数丈。承以周槽，缭以通沟，三日得水万余担。同业者皆喜，君独湫乎而忧曰："安知非祸？"众讶焉。君曰："先时，井喷者有矣，曾不数日而匡口坏，顿成废井。反不如人牛推挽者，平远无患，且令终获利多。然太暴非善，宜大将此财为利益事，盈满之患，庶几能免。"于是众咸服其言。

嗟乎！安得如君者，厕枢府或充封疆吏，令当海寓无故，宴然太平，犹将存坠渊驭朽之思。若以处今，边事棘势危迫，必能厉精淬神，朝夕振兴，刷刮汲汲。真若不可及而欲驱之，为苟媮庸滑饰锡类之谬敬，卸无将之厉诛，误国家终已自误，决不能也。

君前买宅时，亲知来贺，群劝必以戏乐，辞之。伶人已入门矣，仍力辞之，竟不得奏。伎乃去。其视今八月所宣之谕，用意略同。犹能安熙无事之时，知欢乐不能以极，极将召患也。今闻余语如是，其有以处庆堂矣。庆堂言，君思措万金成石桥，意甚坚。余谓方今时事阽危，高瞻远瞩之士宜有深怀，约乡里贤人长者，尚诚朴，去奢伪，正人心而厚风俗，悉罢一例浮虚不急之费，务储财积谷，择深固险远能保安之地为守备，具以防大难。如往者青城范长生、石柱马氏、丹棱彭氏之为，全救生民，必众功德，尤远视。独为一桥，功轻重何如？

举臣君黄宜人，性聪识邃，非乡哄荷促可比。余并陈此义寿之，虽复以规为颂，知必悠然有会，执觞相顾而酌，更相勉也。

赐进士出身、诰授中宪大夫、刑部主事　宗愚姪光第撰并书

（二）寿联

诰封奉政大夫宗叔举臣大人六秩　诰封宜人宗叔母黄宜人五秩双寿

令子克家，事亲养志；

老人何乐，为善同心。

宗愚侄光第顿首拜祝

114

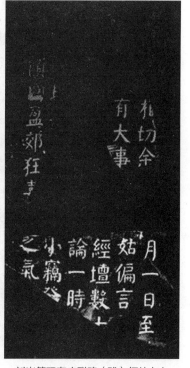

誥封奉政大夫劉公舉臣六十暨配黃
宜人五十壽序
光緒二十年八月
二十六日上諭朕欽奉皇太后
懿旨本年十月予六旬慶辰屆時皇
帝率羣臣詣萬壽山行禮自大內至
頤和園蹕路所經臣民報效點景建

刘光第双寿序联碑拓片之一

坛予不欲過為矯情特允皇帝之請
在頤和園受賀誹意使人肇騖興師
致討征調頻煩兩園生靈均慴鋒鏑
每一念及憫悼何窮前因士卒戰苦
特頒內帑三百萬金茲者慶辰將屆
予亦何心修月之觀受臺萊之祝

刘光第双寿序联碑拓片之二

即所有典禮著仍在宮中舉行其頤
和園受賀事宜即行停辦朕再三籲
請未荷慈俞敬維德所關不敢不
欽遵宣示維時大小臣工中外黎庶
恭觀詔旨罔不贊歎欸忭動色有
感激流涕者然使此旨下於皇

刘光第双寿序联碑拓片之三

帝請祝之日
欲然念時局艱難連歲
災潦頻警務損
皇帝之孝思以
宗社為重堅拒不可其請則所省虛
糜費甚鉅而壹切逢迎窕薄懷恩澤
之臣亦有所警動悚懼收心回面而
圖治理即不然乘一二鯁諫之士激以

刘光第双寿序联碑拓片之四

切勸止即止之省費亦可千萬乃必
外爰蠢生厭氣甚惡始因科臣之請
不幸園宮先之工程造作則已太半
成就識者讀抑之詞而感之猶惜
有數之財力費于無用者已多且當
賦鑲奇絀非常痛詔降之稍暌也

刘光第双寿序联碑拓片之五

朴切余
有大事
月一日至
姑偏言
經壇數上
論一時
小稿谷
之氣

刘光第双寿序联碑（残）拓片之六

115

刘光第双寿序联碑拓片之七

刘光第双寿序联碑（残）拓片之八

刘光第双寿序联碑拓片之九

刘光第双寿序联碑拓片之十

刘光第双寿序联碑拓片之十一

刘光第双寿序联碑拓片之十二

士宜有深懷約鄉里賢人長者尚誠
樸去奢偽正人心而厚風俗恚罷一
例浮虛不急之費務儲財積穀擇深
固險遠能保安之地為守備具以防
大難如往者青城范長生石柱馬氏
丹稜彭氏之為全叔生民必眾功德

刘光第双寿序联碑拓片之十三

尤遠視獨為一橋功輕重何如何舉
臣君黃宜人性聰識遠非鄉阿荷
促可比余並陳此義壽之雖復以規
為頌知必愨然有會執腸相復而酌
更相勉也賜進士出身誥授中憲
大夫刑部主事宗愚姪光第撰并書

刘光第双寿序联碑拓片之十四

令子克家
事親蔫志
諾封宜
秦政大夫人宗
叔舉臣大人六
叔母黃宜人五秩雙壽

刘光第双寿序联碑拓片之十五

為善同心
老人何樂
宗愚姪光第頓首拜祝

刘光第双寿序联碑拓片之十六

调查与研究

　　1981年9月，在原大安区群乐公社三多寨（今大安区三多寨镇）刘安怀堂发现一组石碑，共8通，每通碑高1.03米、宽0.43米、厚0.08米。石碑双面刻字，颜体楷书。此组石碑是刘光第于清光绪二十年（1894）为刘举臣60岁，其妻50岁时所撰写并手书的一篇重要轶文：《诰封奉政大夫刘公举臣六十暨配黄宜人五十寿序》，"寿序"内容分两部分即"寿序"和"寿联"。其中"寿序"碑14面（其中一通残损只剩数小片，故残损2面，损失百余字，本篇"释文"按中华书局1986年2月版《刘光第集》补录），"寿联"碑2面。刘举臣将《寿序》铭之于坚石，嵌之于石壁，表之以灰泥，故近百年亦未为世人知晓。刘光第双寿序联碑现藏富顺文庙博物馆。

　　刘举臣（1838—1913），自流井富商。原籍广东，幼年随父入川，定居于富顺县自流井。因其乐善好施，在自流井威望颇高，人称"刘太公"，为自流井盐业实业家们的代表。因故，刘举臣与富顺知县陈锡鬯私交甚笃。

　　清光绪十一年（1885），刘光第母殁，丁忧守制在家。其间，经陈锡鬯牵线撮合，刘光第拜刘举臣为叔父。联宗后，刘举臣每年都慷慨资助现银两百两，从未有怠。清光绪二十四年（1898），刘光第参加戊戌维新遇难，刘举臣大义凛然，不避株连"钦犯"之嫌，将刘光第三个儿子接来三多寨家中，延师就读，抚育成人。

　　清光绪二十年（1894），刘举臣六十生日和夫人五十生日欲行庆宴，其子刘庆堂寄书刘光第，请他为其父母写寿序。刘光第十分敬重叔父，因此写下这篇寿序。寿序体现出了刘光第在甲午时期对国难的深深忧患意识和家国、道德情怀。"以规为颂"，没有谀辞，既有"规劝"，又有"表颂"，巧妙得体。刘光第自小喜爱颜鲁公书法，在京为官时期依然临池不辍。宋育仁在《刘光第传》中评价其书法"学颜平原，时辈罕与抗手"。这篇寿序笔力雄健，结体宽博，风神绰敌，潇洒超逸，气象雄浑，点画道到，为刘氏楷书的代表作。

何市万寿宫抗战标语石刻

释　文

抗战救亡

复兴农村

"抗战救亡"石刻

"复兴农村"石刻

调查与研究

何市镇位于大安区中部，东连新店镇、永嘉乡，南接沿滩区仙市镇，西邻三多寨镇，北与内江市东兴区伏龙乡接壤。相传，清代有何姓进士，葬祖坟于今何市山上。随后，该地逐渐成为自流井井盐陆运牛佛渡的要道，至清乾隆年间形成场镇，即以何姓取名何家场，何市镇以此命名。

何市万寿宫即江西会馆，亦称江西庙，修建于清道光四年（1824），清光绪三十三年（1906）培修。整体建筑由踏道、抱厅、轩、正殿组成，两侧建有封火墙，穿斗抬梁木结构。今为何市镇人民政府驻地。

抗战时期，何市乡公所亦设于万寿宫。"抗战救亡""复兴农村"两面青石栏杆上的石刻楷书标语嵌于宫内院坝右侧花台处。两通石刻均长1.45米、高0.60米，字径0.22米，保存完好。

自贡市文史专家巴骄先生对万寿宫抗战标语石刻有详尽考证，兹将巴文《何市镇抗战标语"抗战救亡""复兴农村"考》摘录如下：

要弄清这两幅石刻标语的来历，还得从上世纪三十年代初说起。1931年"九一八"事变暴发，揭开了日本对中国、进而对亚洲及太平洋地区全面武装侵略的序幕。1932年2月，东北全境沦陷在日寇的铁蹄之下。

随着国难日益深重，抗战救亡成为全民族的呼声。1933年3月，面对政局混乱、经济衰颓的情势，国民政府着手开展全面抗战的准备和组织工作。同年5月，国民政府设立"农村复兴委员会"。农村复兴委员会自行政院发起组织，聘定张嘉璈、钱新之、李铭、陈光甫、虞洽卿、刘鸿生、史量才、荣宗敬、徐新六、唐寿民、胡筠、穆湘玥、王晓籁、胡适、丁文江、翁文灏、王志莘、杨永泰、杨端方、马寅初、李仪地、许世英、吴鼎昌、周作民、张伯苓、李四光、陶履恭、谭熙鸿、邹树文、葛敬宗、谢家声、王震、褚辅成、陈伯庄、黄慕松等三十六人为委员，并于各省设立分会，以分任调查、建议及推广事宜之责。此后，在中华大地上便掀起了一场声势浩大的"农村复兴运动"，其内容包括经济与政治两方面，经济上主要为生产改良、救济农村金融、整顿水利、修建铁路、调查全国农村经济等；政治上主要是加强县政建设，维持农村环境的平静。

1934年，何家场由何市团改置何市乡，乡公所设于万寿宫。其时，乡人为了表达誓与国家共存亡的抗战斗志和决心，便将"抗战救亡""复兴农村"这两幅标语镌刻在了万寿宫的石栏杆上。曾经用来激励乡人的这八个字，见证了中国人民的顽强抗战并最终赢得了抗战的胜利，也见证了中国农村半个多世纪以来的翻天覆地变化。

金子凼船闸碑记

金子凼船闸碑记

释 文

成倬于盐运终无裨益二十五年缪秋杰氏奉□□□□□……

买重提是事二十七年川盐奉令增产加运缪氏请□□□……

工程师徐世大君率测量队长穆□□等到井勘测设计□□……

理局工程处负施工建设之责二十九年冬筹备竣事即□□……

至三十年夏工款筹措困难几至停顿当时余以是项□□□……

利至重且□为国家百年大计断难中□且在增产加运□□……

较多闸成后运费所省一年之间即足以应全部工程之□□……

局无款可拨乃进谒今行政院副院长太谷孔公庸之言□□……

令国家银行筹款玉成是时□局派工程师沈□君来井□□……

工为可惜返渝后与中央信托局储蓄部经理王华君道及□……

□愿尽力协助毅□遵照部令向中信局及中交两行代为□……

□济用乃于三十一年五月落成是船闸虽由缪君造其端□……

其后而非庸公之毅力□□则□由观成也工程进行中□□……

前后用款□一千三百万圆之钜设计者原为华北水利委员……

师徐世大负责督建□本局工程处总工程师朱宝岑□□□……

郑原平分段盐修工程师邓关品贤瑗沿滩李扶实金子□□……

中华民国三十一年仲夏川康盐务管理局局长曾仰丰□

调查与研究

金子凼，原名漏水崖，位于今大安区和平街道樊家坝（团结岛）与自流井区伍家坝之间的釜溪河上，即2004年建成的新金子凼堰闸处。

抗战全面爆发后，自贡盐场奉命增产，计划由战前的年产350万担提高到650万担。盐产量的大幅度增加使釜溪河航道已无法满足增产后的盐运需要。民国二十七年（1938），经川康盐务管理局投资，由华北水利委员会第二测量队勘测设计，总工程师朱宝岑等13人负责，船闸于民国三十年（1941）12月底开工，次年5月完工，7月通航。

金子凼船闸碑记拓片

金子凼船闸旧影

124

船闸建成后，水位升高，漏水涯升高3米。同时，沿滩、邓关亦相继建成船闸各1座。三座船闸调节了水位，渠化了水道，提高运效6至8倍，过闸1次以1小时计，每日过闸10次，可运货827吨，每年以正常过闸300天计，每年可运盐25万吨，满足了战时自贡盐场"增产加运"之需。

金子凼船闸又称金子凼离堆船闸，"离堆"语出成都古代著名水利工程——都江堰，取离山之堆的"而筑堰以除水患"之意。民国三十三年（1944），画家梁又铭先生来到新落成不久的金子凼船闸采风，回成都后为我们留下了一幅弥足珍贵的《自流井离堆闸全景图》。这幅山水写实图生动再现了金子凼船闸卓尔不群的风姿，其上题款，款曰："此自流井之离堆闸全景也。在昔闸未建成时，自贡盐运至感困难且危险，常见匪祸费时已也。自闸建成，盐运称便，其所裨益于战时民食厥功至伟。闻此去下游尚有两闸，一在沿滩，一在邓井关，工程尤巨，惜余未能一往参观，至今犹以为憾焉。民国三十三年秋画于锦城，又铭。"梁又铭（1906—1984），广东顺德人，著名画家。早年任黄埔军校革命画报主编，被称为"史画画师"。梁先生早年作品以抗战历史题材为主，1949年移居台湾。

2004年，为解决釜溪河自贡城区段蓄水、保水、防洪、排污等问题，改善城市环境和景观，实施金子凼船闸改造工程，离堆船闸仅余部分闸室，已面目全非，不再具有通航功能了。

2014年8月，在金子凼船闸遗址发现一通石碑，石碑详细记录了船闸修建时间、原因、过程、资金等信息。碑高1.44米、宽0.8米、厚0.13米。碑记撰稿人是时任川康盐务管理局局长曾仰丰。曾仰丰（1886—? ），字景南，福建人，中国盐务官员。毕业于北京大学土木工程系，后留学美国。民国十六年（1927）10月由长芦盐务稽核分所经理调川南分所经理，不久离井。民国二十九年（1940）至三十四年（1945），调任川康盐务管理局任局长。抗战期间身体力行推进盐政改革，在自贡期间完成多篇盐学文章，如《自贡盐产简述及其展望》《自贡盐场战后生产设计》等。

金子凼离堆船闸是自贡水路盐运的历史证物，也是重要的抗战历史遗迹之一，具有一定的历史文化和科学技术价值。金子凼船闸碑的发现对进一步研究自贡水路盐运历史有着非常重要的意义，也填补了我市盐运历史物证的空白。石碑现藏自贡市盐业历史博物馆。本篇因石碑下部漫漶剥落，缺字较多，故未句读，仅按碑文改竖排为横排。

沿 滩 区

沿滩上下船只碑记

释 文

沿滩上下船只碑记

乾隆二十二年，里人龙源。

尝观上古帝王师相暨公乡大夫士庶，其有德堪传事可纪者，即田夫野老，皆得咏歌其迹以志不忘。

我邑城之西五十里地名沿滩者，山川形胜，卓尔异常。上有犀牛口，转为左翼，下则观音崖，佐为水口。其间居民铺户数十烟，往来行人，不绝如缕。对岸则有宝乘、四峰山两观接壤，钟鼓相应，历称灵刹焉。观下则沿江五里，舟楫往来，渔歌上下。水落石出，则石瓮硁然，空中多窍，俯而吹之，若海螺声，且横盘石下，青鼻鱼池，江流分纳。时届三春，波光荡漾，群鱼跃踊，褰裳可取，第见两岸行人，且行且止，顾而乐焉。服贾者至斯地而心旷神怡，游观者止于斯而徘徊不去，美哉是亦。

江阳盐厂，水陆两道，装运出入之名区也。但因碛夹硐险，不时水涸，仅容一舟，是以上下相争，彼此相持，每多壅滞，至经旬日而羁留者有之。

今幸我仁廉熊公葵向，莅任斯土。公巡厂政，沛泽滂流，爰定双单两日，上下照例遵行。由是而争竞之患悉化，由是而羁留之病俱免。上者相循其次第，下者顺适其自然。

睹河水之洋洋奚啻，王道之荡荡乎？猗欤休哉！政不以地而益彰，事不因人而益传哉。然而曳扁舟而驾是江者，泳斯游斯，浑焉淡忘，视公力于何有？龙等濡其恩波，沾其惠泽，久仰德政之当垂，每思仁声之远播，不揣疎陋，敢竭鄙忱，爰采片石以志不忘。

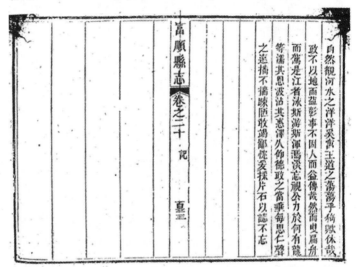

清乾隆二十五年（1760）版
《富顺县志》书影

调查与研究

　　碑记录自清乾隆二十五年（1760）版《富顺县志》之《卷二十·艺文》篇。作者龙源，沿滩人，生卒事迹待考。碑记作于乾隆二十二年（1757）。此碑原立地址不详，推测或为今沿滩大桥一带。

　　沿滩镇乃一川南小镇，被誉为"千年盐运第一城"，又名埂子场、太平场、升平场。宋代，境置富顺监临江镇。清乾隆中叶，置沿滩场保。民国元年（1912），以保建团，境置沿滩团。其镇名"沿滩"沿用至今。沿滩镇地处沱江支流釜溪河中游西岸，水流至此，几曲回转，呈"S"形，出现多个回水沱，河中乱石丛集、多险滩、街衢沿河滩一字排开而筑，昔有"沿五里""沿河滩多"之说，故名"沿滩"。

民国三十一年（1942），修筑船闸沿滩庸公闸后，水位上升，险滩全被淹没，"礁石嶙峋、滩险水急"的河道奇观不复再有。碑记所

沿滩大桥

述沿滩风景尤为幽美，宛如山水写意，堪称绝佳风景小品，读之似能想见当年景象，若可再刻于沿滩桥头以为风景掌故亦是雅事也。

诗人刘光第亦曾载舟于此，有《宿沿滩与舒广文夜话》写道："京洛归来此破裘，故人身世话沉浮。地分井邑衔牙路，石阻官商掬指舟。凉梦白回双榻月，滩声红落一灯秋。水风萧瑟摇清听，仿佛荆州宿舵楼。"近人名士毛一波晚年居美，也有诗歌《沿滩老家》回忆咏叹云："深谷为陵高谷岸，老家门接岭头云。一溪流合沿滩水，夜夜滩声可静闻。"两位诗人所写沿滩风光与沿滩古碑记可谓曲径同工，各有诗趣。

碑记中提到的熊葵向，字景阳，号立堂。江西安弋县人。曾两任富顺知县。清乾隆十九年（1754），由拔贡选任富顺知县，至二十三年（1758）十月，第二个任期为乾隆二十四年（1759）九月至二十六年（1761），中间曾短暂调任彭山知县10个月，是富顺历史上任期较长的知县之一。在两个任期内，熊葵向做了大量革故创新、改良风俗之事。他先后创修富顺门、培修县衙、捐俸举办江西义渡、翻修文庙、改建城隍庙、新建课士所、迁建书院、纂修县志等。熊葵向离任后，老百姓在县署东面的武庙前，为他建造了一座"熊公祠"，以追思他的丰功伟绩。

乾隆二十二年（1757），熊葵向到自流井巡察盐政。途经沿滩时，但见河道水涸仅容一舟，造成上下相争，彼此相持，每多壅滞，甚至"多致拘讼"。为平息民诉、畅通盐运，熊葵向立即下令所有船只"以单双日分上下"。从此，争竞之患悉化，且羁留之病俱免，成为地方治理的一大善政。有感于此，当地文人龙源特撰文立碑，并感言道"政不以地而益彰，事不固人而益传"，可谓警世格言。

仙市罗湖景区摩崖题刻

释　文

罗湖

"罗湖"摩崖题刻

"罗湖"摩崖题刻全景

"避喧"题刻

调查与研究

　　罗湖景区摩崖题刻位于仙市镇鱼洞村，这里峭壁陡立，林木苍翠，瀑布飞溅，奇景荟萃。"罗湖"二字镌刻于一巨石峭壁之上，楷书。目测石龛长1.5米、高0.8米左右，字径0.6米见方，笔力遒劲，神气凛然。因无题款，题刻年代、因何而刻、何人所书，待考。据村民口碑相传，是清代嘉庆年间大儒名士罗金声见此处景色优美，流连忘返，榜书"罗湖"二字，请人刻之峭壁。

"宋时湛读书室"题刻

在"罗湖"摩刻不远处的金银山下有一山洞,距古镇1.5公里,相传为八仙姑入睡休息之处,曰"仙女峪"。相传罗金声和宋时湛(晚清著名外交家、洋务运动推崇者、文化教育家宋育仁之叔父)曾在此隐居读书,并改其名为"馀洞",立意在洞中度过自己的下半生。

馀洞面积193.06平方米、高1.85米,石门为长方形,高1.7米。门楣上刻着嘉庆三年(1798)罗金声题写的"避喧"两个大字,两侧刻有一副对联:"共作湖山居士;长为风月主人。"由此可见两位名儒厌世隐居的决心。进石门,左右各分出两间石屋,正面又是一道石门,门上刻有对联,字迹驳脱难以辨认。门的两边各有一个凿出的平面,长0.8米、宽0.4米,右方平面刻有"宋时湛读书室"六个大字。里面还有两间石屋,推测是宋时湛当年歇息的居所。从馀洞斑驳的古迹中,可隐约感受到中国古代士大夫适性自得的出世旨趣。2020年,因高铁建设,馀洞已荡然无存了。

为存史,现将罗湖景区摩崖题刻周边或存或毁或将毁的其他摩刻文字辑录如下:曰"夹柳堤",曰"竹韵松涛",曰"云谷",曰"雨岩银绸飘入海",曰"榕梯"等。

"永安场阎王宫合会叠议屠桌规条"碑

释　文

永安场阎王宫合会叠议屠桌规条刊列如左。

乾隆五十九年甲寅，合会叠议：

一议，凡属来会借钱之人，无论会内会外均要承担保人，方许出借，其钱□□，八月廿三日大利一并缴楚。如其违者，担保人是问。遇有估借不还，查明保实，系无弊又无力赔出，致滋事端所用银钱该会承支；

一议，开设屠桌人等毋许泼给缘肉，倘其违议，查出罚钱四钏文入庙焚献。

嘉庆五年庚申九月，合会集议：

一议，每有乡街瘟疫猪支在场发卖，以致开屠桌及□□□等亦不得同贼接买疫猪。在场变卖，开设汤锅，希图小利贻害众姓。如有违议，一经查处买卖两家各罚油五十斤入庙燃点；

一议，畜有狞豕之家业经寄窝，明知有出，据卖屠桌洗猪儿，致戕多生。嗣后屠桌遇有蒙卖狞猪，将价全罚入庙公用；

一议，屠桌洗猪遇有黄臕猪，该卖猪之家每斤减价钱八文，轻重照算。是年议定在庙会演戏乙台，永定程规。

道光元年辛巳正月合会集议：

一议，凡属上有会底者，只许父传子一名。开屠者生理除子顶父名之外，如弟兄分居，会底不得瓜分赏弟兄均□。□理者除原一名外，另上底钱，方得开设。又开屠者卖肉不许灌水，如拿获将肉充公外并罚油一石；

一议，新开屠桌者，务向总首说明上底钱拾钏零四百文，交会上总首将名注簿，以备清查。

与会后轮交总首金名刊列于左：

吴胜高……（略）

庙竣开吉惟时支储在会二十二人名垫出钱拾钏文，此议主载赏本其侯刊碑，名以记其盛，兹刊于左：

熊章葵……（略）

与会后陆续上底姓名列后，当前兹不赘录：

邱国富……（略）①

调查与研究

永安阎王宫，俗称张爷庙，为永安地区屠帮为祭祀三国时蜀国名将张飞（相传张飞早年从事屠业）所建。因张飞被部下杀害于四川阆中，故又称阎王宫。清乾隆年间所建，遗址在今永安粮站附近。

"永安场阎王宫合会叠议屠桌规条"碑，为清道光年间修复阎王宫时重镌。1987年4月，在粮站粮仓被发现，发现时作滴水板，共两通。每通碑纵2.2米、横0.4米、厚0.1米。碑文落款已毁，尚存清乾隆五十九年（1794）规条两议，清嘉庆五年（1800）规条三议，清道光元年（1821）规条两议，共七议（七条），字迹清晰可识。

永安镇原名鳌头铺，因"鳌"与"毛"近音，又称毛头铺。相传在清乾隆年间，境内曾发生过一起儿子杀父亲的案件，激起民愤，惊吓官府。案件平息后，为顺应民意，遂改称"永安"。

屠桌，又称案桌，旧时杀猪卖肉店的称谓，分吊案与平案两种。清末民初，永安的屠桌在张爷庙内，每头猪一天收猪肉一斤。民国二十年（1931）一个姓邱的在永安街上另设案桌，到二十世纪四十年代，发展到十多家，逢场天要宰猪十四五头，而寒天一般无肉卖，那时每年宰猪约二千余头。

永安镇为旧时自流井至戎州（宜宾）盐运古道上的一个重要节点，因盐设镇以来，自流井井盐及宜宾、云南等地产品往来其间。每日约近千匹驮马、盐担会集于此，由此商业十分繁荣。"屠桌规条"碑从经营肉食品这一侧面反映了当时市场繁荣的景象。"规条"实乃屠夫帮会章程，合议了肉食品卫生管理、保护猪只发展等规程。如其中"每有乡街瘟疫猪支在场发卖，以致开屠桌及□□□等亦不得同贼接买疫

---

① 引自《沿滩文史》第一辑，1993年1月版。

会馆风火墙

猪。在场变卖，开设汤锅，希图小利贻害众姓"。"规条"还对蒙卖犴猪及黄膘猪、发水肉等给予重罚。这样的规条是以不"希图小利贻害众姓"为宗旨，说明了古人经商也是讲职业道德的，具有现实意义。

2021年1月，笔者再到永安田野调查，经询访多位人士，亦不知原碑下落，或已湮失于时间的风尘中了。本篇碑文据政协自贡市沿滩区第三届委员会文史资料委员会编《沿滩文史》第一辑录。

邓关 "分县章示" 碑

释 文

分县章示：

永禁犬肉。

不准市卖，如违重究。

"分县章示" 碑拓片

调查与研究

2019年，邓关街道以观音阁为中心打造出第一个开放式文化公园——观音阁公园。在观音阁修复过程中出土了一些石碑，其中有一通极为罕见的"分县章示"碑，俗称"永禁犬肉"碑。"永禁犬肉"碑高1.06米、宽0.6米，上端两边有残缺，现竖阁内第二段垂带式踏道右角处。

碑首从右至左，阴刻有"分县章示"四字，其中"分""示"两字有残缺。"章示"内容为12字，竖排，居中大字为"永禁犬肉"，两侧分镌"不准市卖"和"如违重究"八字。碑阳未见其他文字和落款，碑阴亦未有文字记载。

清乾隆四年（1739），叙州府建武厅通判署移驻邓关，称盐捕通判署，设关征税，遂名邓井关。乾隆

"分县章示"碑

二十三年（1758）裁撤通判改设县丞，将通判署改为县丞署。今自贡地区，在清代共设三个分县，即自流井分县、邓井关分县和贡井分县。"永禁犬肉"碑上的"分县"应为历史上的富顺县的邓井关分县。

观音阁下面尚有一座字库塔及多通古代石碑，石碑虽多数已经风化驳脱，少数"告示"二字还算清晰。当年观音阁下是邓关的水码头，热闹非凡，所以很多"告示"碑会立在此地。邓关"永禁犬肉"碑作为官方公示碑，到底是立在观音阁内，还是在观音阁外的码头边？其立碑背景、立碑时间，还需文物考古工作者、民俗专家进一步勘验，解疑释惑。

兴隆“建修川主神龛小引”碑

释　文

建修川主神龛小引

尝思：莫为之前虽美弗彰，莫为之后虽盛弗传。粤稽云台洞之有川主也，由来久矣。先年都人士谋诸父老曰：斯地胜境也。每逢圣诞而苦无像，遂塑像于兹，且兴太士仝龛，迄今十数余年，雨旸时若，佥曰：是神之力也。迩年来，旱潦不常，祈晴祷雨，有求遂应，捷如影响，非神功浩荡，乌能至此。里中诸君子复谋而更新之，且别作一龛，以久棲神之所。倘愚侪等从此而见善则迁，有过则改，则其邀天眷、荷神庥又岂有涯哉？龛成，诸君嘱愚为引，愚惭不敏，固辞不获。爰操觚而志之，一以志诸君之乐善不倦，一以志神功之不朽云耳，于是乎书。

大田李桢叙书

黄朝桂一千二百文，龚绪、李桢、丁国琏、何天元、吴李吉、明兴扬、吴李各出钱四百文，卢绍全三百二十文

曾绍元、黄朝成、黄毓传、黄乾发、李达均、明麟扬、张未登、李春礼、江洪各出钱二百四十文

陈其太、陈其顺、何天开各出钱四百文，李永建、刘熊魁、朱家俔、龚洪伍、钟和镒、明新扬二百四十文

明和扬、周国瑜、罗光海、丁国治、何登□、何天毓、唐国连各出钱二百四十文，唐国聪、李胜礼各二百文

戴长春、邱四海、李弘伦、郑元翔、李弘儒、钟思贵、黄毓昌、刘登寿、明映扬各出钱一百六十文

许元贵、范东樑、李国太、李弘修、阮正寿、范远章、徐肇玉、范华礼、徐达宝各出钱一百六十文

陈师樑、吴李进、王德禄、石金声各出钱一百六十文，李全智、袁汝万、李上荣、刘文第各出钱一百二十文

陈其富、何登喜各出钱二百四十文，丁相仲、明柱扬、明发扬、周孝本一百廿文

何世镈、陈师明、黄朝武、代声谟各八十文，梁子敏四十文，陈师元八十

石匠师陈师明、木匠师戴声谟、绘士周国瑜，曾元富施座石、丁相杠施凳四条，王朝杰施碑石，李桢、吴孝吉仝施木桌一张

道光二十七年岁次丁未仲秋月廿四日谷旦

"建修川主神龛小引"碑

调查与研究

云台洞第2号碑——"建修川王神龛小引"碑，碑高1.37米、宽0.7米。正文6例，约215字。"小引"由李桢（"大田"可能是其字号，或地邑名，不详，待考）撰书。正文之后详细记录了捐款捐物人的姓名和金额、物资等情况。刻碑时间为清道光二十七年（1847）。

"小引"开篇："莫为之前，虽美弗彰；莫为之后，虽盛弗传。"语出韩愈《与于襄阳书》，意谓大凡做事不要做在前头，虽是好事却无人知晓；也不要做在后头，虽然盛大却不能流传下去。云台洞自古有"斯地胜境也"之誉，每逢"川主会"，香客蜂拥而至，却无圣像可祭拜。自从塑了川主李冰圣像，几十年来，雨旸时若，风调雨顺，百姓安居乐业。为感念川主盛德，里中君子复议更新圣像，并另置神龛一座，以期为川主永久的栖所。工程竣工，李桢作"小引"为记，一则记录"乐善不倦"，一则记录"神功之不朽"。

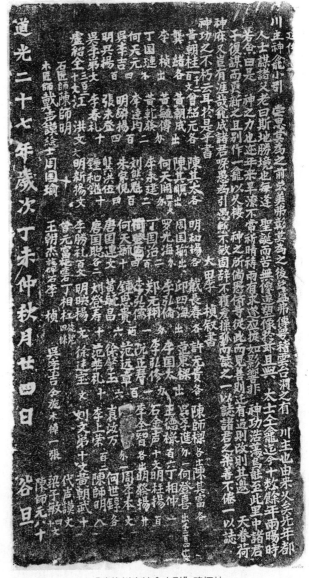

"建修川主神龛小引"碑拓片

蜀人崇敬李冰，尊之为"川主"，各地多建有"川主祠""川主庙"以示怀念。李冰（约公元前302—前235年），战国时期杰出的水利工程专家。约在公元前256年—前251年，他被秦昭王任命为蜀郡太守。任职期间，他遵循"道法自然""天人合一"的思想，在岷江流域兴办水利工程。李冰父子主持修筑了著名的都江堰水利工程，使成都平

都江堰出土李冰石像及文字拓片

原成为"沃野千里"的富庶之地。

1974年，成都都江堰出土李冰石像一座，像高2.9米、宽0.9米，重4.5吨。造型简朴，袖手胸前微露笑容，神态从容持重。石像胸前襟袖间有隶书铭文三行："故蜀郡李府君讳冰""建宁元年闰月戊申朔二十五日都水掾""尹龙长陈壹造三神石人珍（镇）水万世焉"，建宁是东汉灵帝的年号，距今有1800多年历史。

相传农历六月二十四是李冰的生日，人们会在这天举办祭祀庙会，即"川主会"。祭祀时有很多民间的文化活动，其中以娱神的唱词最使人感恩李冰父子的功德。

自贡地区对李冰的崇敬，同时还具有盐业情怀。据《华阳国志·蜀志》中记载："周裂后，秦孝文王以李冰为蜀首，因能知天文地理……又使其水脉，穿广都、盐井诸陂池，蜀于是盛有养生之尧焉。"对于这段记载，《中国井盐科技史》也有详细介绍，李冰不仅是著名的水利专家，而且是井盐生产的开拓者。采卤技术逐渐由小口深井替代大口浅井而始创"卓筒井"，正是李冰治蜀期间的另一功绩。自贡是最先掌握和使用"卓筒"技术采卤的地区之一，因而对李冰的感念自然又多了一份盐业情怀。

"建修川王神龛小引"碑碑体完整，阴镌文字清晰，朱丹尚在，是一通难得良碑。

兴隆重塑灶王金身序碑

释 文

盖闻灶乃一家之主，五祀之尊。在地为司命主宰，在天为耳目神君。每月朔望呈善恶，放帝阙朝日晨昏，□祸福于家庭，赏善罚恶，报应分明。常有不知禁忌，鲜加孝友，多种罪根。是以今春自夏，密云不雨，万物难生。□等□邀四维善念，劝化同里慈心，装素有灶王金身，改恶从善，悔过自新，惟祈雨旸时若，人物咸亨。至今，工成告竣。□□□名以表诸君□念永垂不朽，是序。

何天元、何天开各一千六，何罗氏、何世顺各一千二，杨盛樑、李春礼、郑朝坤各一千，陈新猷、杨邓氏各四百，谢文科、陈新图、陈遇禄、李胜礼、李明礼、李仁贵各二百四十文

梁德和、熊章□、张正元、熊达润、吴学吉、李永建、吴成廷、丁国琏、丁洪仁、郭家义、杨盛邦、杨盛宽、杨盛发、杨进富、吴学第各二百四十文

谢文望、黄朝成、李发智、刘德禹各二百四，钟和缢、丁洪田、钟和胜各二百，钟思□、李炳新、周学□、李贵仁、梁□□、林□□、□□□、何天□各一百

罗灿、罗烟、罗烘、何天毓、周学秦、江绍□、陈遇品、刘□选、罗利兴、熊正富、李有林、□正溶、□金铢、□□□……各一百六十文

袁正龙、戴长春、钟永万、杨正灿、李弘儒、郭家月、周学元、陈□□、郑宏川、许洪荣、李达均、陈有玉、陈懋坤、许洪贵、龚洪僖、明兴扬各一百六十文

龚世佑、江万容、曾浩仁、陈遇照、陈其泰、李大义、龚永琮、明国贤、邓应朝、刘廷陞、明永柏、王陞华、明麟扬、明映扬、李荣光各一百六十文

林世槐、明新扬、明和扬、许洪海各一百六，李正□、陈遇宗、陈遇喜、罗□、夏启明、林世汇、雷元富、王文宽、钟岳灵、何天成、何世财各一百二十文

明泽满、龚洪伦、杨心德、李义仁、黄兴仲、李正汇、明发扬、明陈氏各一百二十文，明柱扬、明元霖各一百，黄毓茗、黄毓昌各八十，刘正江、刘锡葵、陈义先各四十

张国桐、江万华各四十，何世银四十八，关正灿、罗永兴、江绍相、江万仁各四十八

叙师黄朝成，书师黄毓相，画师周启风，木匠吴学吉，石匠李仁贵，施石何天元、钟廷富、曾绍元

皇上咸丰三年岁轮癸丑□□□……榖旦

重塑灶王金身序碑

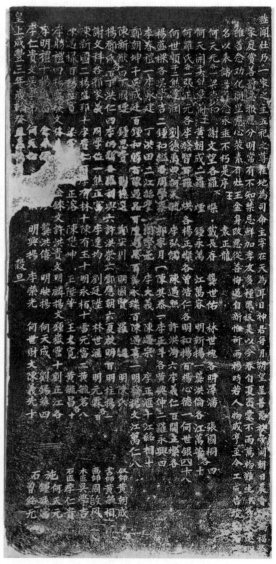

重塑灶王金身序碑拓片

调查与研究

云台洞第4号碑——重塑灶王金身序碑,碑高1.55米、宽0.7米。正文4例,约145字。无碑题。碑记详述重修灶王金身原委,由黄朝成(生卒、事迹不详,待考)撰文、黄毓相(生卒、事迹不详,待考)书丹。正文之后详细记录了捐款捐物人的姓名和金额等情况。刻碑时间为清咸丰三年(1853)。

灶王,又称灶神、灶王爷、灶君、灶神星君。旧时,差不多家家灶间都设有"灶王爷"神位,人们称这位尊神为"灶君司命"。传说他是玉皇大帝封的"九天东厨司命灶王府君",负责管理各家的灶火,因而受到崇拜。灶王龛大都设在灶房的北面或东面,中间供上灶王爷的神像。没有灶王龛的人家,也有将神像直接贴在墙上的。有的神像只画灶王爷一人,有的则有男女两人,女神被称为"灶王奶奶"。秦汉以前,灶神被列为五神(门神、井神、灶神、厕神和中溜神)之一受到民间祭祀。灶神是民间最富代表性,最有广泛群众基础的流行神,寄托了劳动人民一种辟邪除灾、迎祥纳福的美好愿望。

每年农历十二月二十三日,灶神上天,报告人间功过,定人祸福。奉祀灶君多用糖元宝、炒米糖、花生糖、芝麻糖和糯米团子之类,以冀塞住灶神之口,不讲人间罪恶,世称"上天言好事,下界保平安"。祭毕,即将奉祀经年的灶君旧纸马从灶上揭下,连同纸锭等一起焚化,以示灶神上天。除夕接神时,再行接灶神之礼,奉祀灶神后,再在灶上粘贴新的灶君纸马。

祭灶的礼仪,是整个灶神传说及祭祀风俗中最为精彩的部分,因为它充分体现出了中国人的神怪观念。神仙不仅是可以沟通和控制的,甚至是可以戏弄的。祭祀活动在敬神行为的背后,是以强化家族观及民族观为目的,也许这就是中华民族薪火相传、团结进取、生生不息的奥秘所在。

《重塑灶王金身序》文辞典雅,把民间灶神刻画得入情入理、淋漓尽致,充分彰显了古代沿滩地区的民风民俗。

永安关帝会碑记

释 文

关帝会碑记

武圣夫子，汉世之忠义人也。生尽忠义，殁封圣神。自汉而唐、而宋、而元、而明，以及我大清庙祀遍于天下矣。凡士农工商，莫不仰夫子之圣神，亦莫不钦夫子之忠义也。我福省首等于道光戊子年建修正殿，塑有武圣夫子神像，并募功德，轮流管理。去岁将余金付出修庙用去，迄今大庙拨兴隆街店房一间，在此会内招佃收租，以为每年五月十三日庆祝之资，俾其禋祀不废，俎豆常新。而我阖省人等得仰夫子之圣神，且钦夫子之忠义矣。桃园经有曰：请看大罗天上为仙者，尽是凡间忠义人。岂虚语哉？是序。

福省汀州弟子郑嘉福谨撰、郑嘉毅敬书

捐资鸿名列后：

郑文仁、林承模、何士先、何士光各四百文

郑文斌、郑文元、林光烈、郑仲远各四百文

王朝维、郑达璇、郑达钦、郑达醇各二百文

郑达孝、郑达铭、郑达钿各二百文

大清同治八年己巳季秋月下浣

合省绅耆士民等同立

调查与研究

永安天后宫右厢房内的第二块木质碑上刻《关帝会碑记》，碑高1.65米、宽0.65米。正文7例，约200字，由福建汀州人郑嘉福撰文、郑嘉毅楷书，为福建全省绅耆士民同共立碑，立碑时间为清同治八年（1869）九月间。碑文开篇盛赞关帝之忠义，继而叙述建

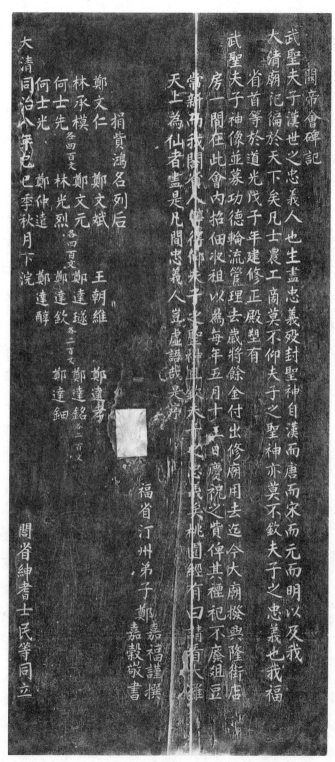

關帝會碑記

武聖夫子漢世之忠義人也生盡忠義歿封聖神自漢而唐而宋而元而明以及我
大清廟祀徧於天下矣凡士農工商莫不仰夫子之聖神亦莫不欽夫子之忠義也我福
省首等於道光戊子年建修正殿塑有
武聖夫子神像並塑功德輪流管理去歲將餘金付出修廟用去近今大廟撥興隆街店
房一間在此會內招佃收租以為每年五月十三日慶祝之賞俾其禋祀不廢俎豆
常新吊我閤省人皆得仰夫子之聖神此欲夫子之忠義與桃園經有曰請省大濯
天上為仙者盡是凡間忠義人豈虛語哉是歟

福省汀州弟子鄭
嘉福謹撰
嘉穀敬書

捐貲鴻名列后

鄭文仁　鄭文斌　　王朝維　鄭達孝
林承模　鄭文元　鄭達遂　　鄭達銘各二百文
何士先各四百文　鄭達欽各二百文
林光烈各四百文　　鄭達鈿
何士光　　鄭仲遠
　　　鄭達醇

大清同治八年己巳季秋月下浣
闔省紳耆士民等同立

关帝会碑记拓片

147

关云长像

庙塑像设会之经过，篇末再赞其忠义精神当为人间楷模。

关帝，即关羽（？—220），字云长，河东郡解县（今山西省运城市）人。汉末三国时期名将。早年犯事，流落到涿郡，和刘备、张飞情同兄弟。雄壮威猛，号称"万人敌"，雅号"美髯公"。徐州战败后，暂时投靠曹操，亲自斩杀颜良，受封汉寿亭侯。后离开曹操，回到刘备身边。赤壁之战后，参与攻取荆州地区。刘备入川后，奉命镇守荆州。建安二十四年（219），水陆并进，围攻襄阳和樊城。水淹七军，威震华夏。

关羽去世后，民间尊为"关公""关老爷""关帝"。历代多有褒封：宋哲宗时封为"显烈王"，意为忠烈之士；宋徽宗时追封为"忠勇武安王"，使"义薄云天"的关羽，变成人间保护神；元代加封"显灵义勇武安英济王"，关羽成了中华英雄；明神宗加封为"协天护国忠义帝""三界伏魔大帝""神威远镇天尊关圣帝君"，位如封建帝王；清雍正时期，尊为"武圣"，与"文圣"孔子并称。

关帝会，亦称关帝庙会，为祭祀关羽所举行的庙会。各地先后修建有关王庙、关帝庙、老爷庙、关庙、武庙等多种庙宇，每逢夏历五月十三日举行关帝庙会。民间传说这天是制造旱灾的怪物旱魃经过的日子，因于祭祀关帝时祈其显灵，驱邪避灾，普降甘霖，以解农忧。是日又称"雨节"，若逢降雨则因传说是日为单刀会之日而称"天降磨刀水"，民谚所谓"大旱不过五月十三"即本此。

永安关帝庙会为每年夏历五月十三日举行，每逢庙会，割牲演剧，华灯万盏，鼓声爆响，街巷相闻，盛况空前，拜祷唯谨。使"忠义千秋"的关羽为世人所景仰，从而集中华传统文化之忠、孝、仁、义、礼、智、信为一身的关羽，成了华夏文化教化之神。

玉川支祠井田碑记

释　文

宜宾赵树吉沅卿　玉川支祠井田碑记

知尊祖而后能敬宗，知敬宗而后能收族。顾或知之，而厄于无力有力矣，而或不能善其始，与图其成其究，与不知者等，盖敦本若斯之难也。古今称良法者，莫如范文正公义田。然余尝疑之，以谓天下无百年不敝之法。圣君贤相制作，一朝可谓美备，及其季也，屡穷屡变，而法或有所不行。文正虽贤，独安能以一家之私产绵绵延延至数百年而不坠乎？及读公遗集，观其法式规条，然后知造端虽宏而经画补苴者阅三四世而乃屹乎不可易，盖未尝不叹文正之泽之长，而其子孙之贤为不易得也。然则善其始之难，又不若图其成之尤为难与？王翁朗云，敦本者也。王故富顺巨族，世业畾策，以赀雄乡里。至翁诸父行，家几中落，翁独力任之十余年，业乃复振。翁为人识量宏远，明干有为。然布衣蔬食，不为侈靡，又恂恂好礼义，务施济，蜀数千里间莫不识其名。当咸丰已未逮同治癸亥四五年间，滇匪窜蜀，西南人竟奔避。翁独出私钱数千缗修筑砦堡，练乡勇击贼，贼不敢逼，其所保全甚大。先是，翁有祖遗田若干亩，多凿为盐井。每岁所入，除奉祭祀外，悉以分赡贫乏，亲族待以举火者，数十百家。既贼退，乃与群从昆弟议建宗祠，奉玉川公以下各粟主藏于其室。又为之规画久远：凡同宗各支，月有廪，岁有饩，婚嫁敛葬及科第者，伙费各有差。于戏！可谓能善其始者也。又著法式规条，为心仪者久之。嗟乎，自宗法废而衣冠之族有视同室如路人矣，若翁者，其贤过人不亦远乎？礼曰："有其举之，莫敢废也。"继自今绳绳蛰蛰，流泽孔长，将必有贤子孙出而推大之，吾知数百年后且与范氏义田媲隆竞美，而又何图其成之难耶？余既重翁能敦本，又喜其创始之善而乐为后嗣道也。于是乎书其条例，另泐如左。

条规

一、本祠每年春祭定期二月二十一日，冬祭定期十月初十日。届期黎明齐集行礼，凡我子孙务要衣冠严肃，始昭诚敬。

一、设立义学，本支子孙均可入塾肄业，或疏远而有志读书者亦许在塾肄业，以体祖宗培植人才之意。其余利济方便等事，随时酌量布施。

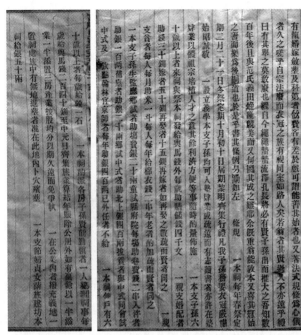

《富顺自流井珍珠山王氏宝善祠四修家谱》书影（1909年版）

一、本支子孙六十岁以上者来祠与祭，本祠发给与马钱外，每岁助膳馐钱四千文。

一、亲支婚配者助钱三十钏，嫁者五十钏；再娶者十五钏，再嫁者如再娶之数。疏而贤者，同之。

一、亲支贫者每人每月助米一斗，每人每年给棉衣钱二串。年老者酌加。疏而贤者，同之。

一、本支子孙生监应乡试者助场费银二十两，童试县、府、院每场助卷费钱二串，入泮者助银一百两，补廪者助银二十两，乡试中式者助北上银四百两，拔贡者与中式同，会试中式及钦点翰林官京师者每年助银四百两，已外任者不给。

一、本祠佃户有六十岁以上者每岁给谷一石。

一、本祠酌派各房子孙贤能勤慎者一人总理祠事，每岁给与马钱二百四十钏，至中元日齐集族众算结年帐，除公用外，如有赢余，以一半添业，一半添置三房产业，按股均分，以期久远而免争执。

一、在公业内者拨充义地一置祠处，族中有无地进葬者，准在此地地内卜穴殡葬。

一、本支节妇贞女请旌建坊，本祠给银五十两。

150

调查与研究

王朗云经过多年商海政坛打拼，既已大富，且朝野知名。子诚公祠建成之后，晚年的王朗云恐其后代子孙变卖产业，不能守成，特提祖祠蒸尝，以冀传之不穷。遂与其弟侄议定，仿照范文正"义田法"，提留井田"以绵禋祀"。于清光绪三年（1877）禀详申奏朝廷立案，刻碑于玉川公祠，使子子孙孙永远遵守。

《玉川支祠井田碑记》之祠规条文记载详备，记首开宗明义指出："知尊祖而后能敬宗，知敬宗而后能收族。"内容包括：祭祖礼仪的规定、设立义学的章程、对年老贫弱族人的补贴、本支子孙应试的奖赏、婚配的例支等。祠规将男再娶、女再嫁规定为同一标准，体现了封建时代难能可贵的男女平等的朴素思想。祠规就佃户有60岁以上者每年谷一石，体现了较为积极的人本主义思想。

《玉川支祠井田碑记》作者赵树吉书影

据王群华《王三畏堂、李陶淑堂家族史》记载：井田碑高约六尺八、宽约四尺八、厚约八寸，共两块。目前，井田碑尚埋于原板仓小学某教室的讲台下面。

碑记作者赵树吉（1827—1880），四川叙州（今宜宾）赵场人，字沅卿。清道光庚戌进士，选翰林，授编修任国史馆总纂，旋改监察御史。诗文书法名重一时，著有《郁郚山房集》四卷、《疏草》二卷、《瓮天琐录》一卷。赵氏为御史时以刚直敢言声震朝野，做道台以清廉恤民为人称道，作诗文则为一代巨擘。赵树吉是王郎云的表侄，二人私谊甚笃。清同治六年（1867），王53岁祝寿，赵树吉为之撰书寿序，一时争相传诵，成为祝嘏佳话。

仙市李氏建修祠堂叙碑

释　文

建修祠堂叙

《大传》云："尊祖故敬宗，敬宗故收族。"收，谓不离散也。吾族由粤迁蜀，附近仙市者，俱散而未聚。嘉庆十五年，先辈邀集族人勾资为会，每年冬至率众祀先撰诸古人，合族之义虽有未备。然以序昭穆别亲疏，上以承先，即下以启后。诚敦本睦族之至义，深根固蒂之良谋也。道光八年，始置斯地，权作店房。咸丰元年，复贾兴隆街店房数间。同治十三年，又承顶豫庙店房一间第。滇匪扰蜀，此店已遭兵燹，至今春始建为祠。嗟乎，由兴会以迄于今日，六十有八年矣。世有谋兴祠会而无力者袖手，有力者囊悭，甚至数年不决，即或酿金成会，而不肖子弟出又从而百计侵渔之，多方阻挠之。不旋踵而瓦解者，何可胜道。兹独先后同心共勤，厥事使先人之血食长新，子孙之瞻拜有地，不可谓非厚幸也。后之人瞻祠宇读碑文，体前人兴会之由，并今日建祠之心。将仁孝之诚，必有油然而生者，吾又何庸多赘焉。至吾祖自虎公封唐而后，世德相承，载之家乘，兹不复叙。

裔孙光学顿首谨识

附录入祠之名于左：

茂璋：助钱叁仟贰百文

国铭、国瑶、树熙、道琳、荣祥、正朝、文进、道扬：各助钱贰仟肆百文

盛扬：助钱贰仟文

德扬：助钱壹仟陆文

世泽：助钱壹仟陆文

忠锦、德锦、玉旺：各助钱壹仟贰百文

献猷、京猷、映梅、映槐、映柽、成寿、琏新：各助钱捌百文

世开、世旺、世梁、万凤、寄凤、伴星、玉璋、胜才：各助钱捌百文

光运、光元：各助钱肆百文

日英、三魁、荣发、传新、正新、振邦、松林、正芳、达章、廷章、□章：各助钱肆百文

万昌、登耀、为龙、秀咱、胜坤、宏秀、宏彬、洪汉：各助钱肆百文

洪顺：助钱叁百文

洪开、洪秀：各助钱贰百四十文

翰昌、文星：各助钱贰百四十文

用超：助钱贰百文

光奇：嘉庆十九年助钱壹仟陆百文

正茂：嘉庆十九年助钱壹仟文

桂琳：嘉庆二十年助钱贰百肆十文

固新：嘉庆二十年助钱贰百文

维元：嘉庆二十二年助钱捌百文

仕诠、元珍：嘉庆二十二年各助钱肆百文

郁昌：嘉庆二十三年助钱叁百廿文

洪先：嘉庆二十五年助钱陆百四十文

万春：嘉庆二十五年助钱贰百四十文

曰文：道光元年助钱肆百文

正旺：道光元年助钱叁百贰十文

荣章：道光叁年助钱贰仟四百文

世广：道光叁年助钱贰百文

成宗：道光十八年助钱叁仟贰百文

纯新：道光十八年助钱壹仟文

有瑄：同治十一年添助钱四仟文

族首大兴经理建祠首事：文芳、有瑄、朝安、光学

同建祠首事：文海、国超、文炳

施石：本场三帝庙、南华宫

石匠翁福兴、木匠李金顺、挟坭李兴发、刀匠胡煜隆

大清光绪四年岁次戊寅仲春月廿一日榖旦

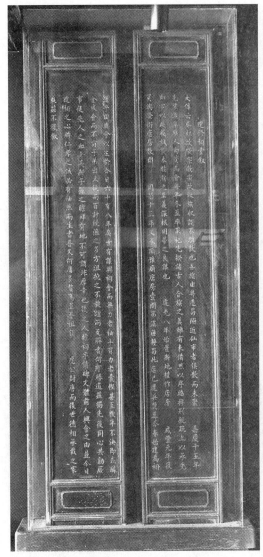

李氏建修祠堂叙碑之一、之二

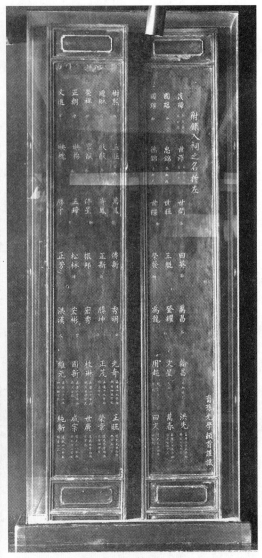

李氏建修祠堂叙碑之三、之四

调查与研究

2017年3月19日，仙市古镇正街某店铺装修，在竹编墙体里面发现几块木板，木板上刻有文字，经专家鉴定为清代祠堂碑记。店铺原属仙市镇的卫生院，之前为仙滩李氏祠堂建筑。木碑现藏陈家祠家风陈列馆，凡六块，黑底，上下两端有饰板，碑高2米、宽0.35米。两块一组玻璃护罩，共三组置家风陈列馆序厅，供人参观。

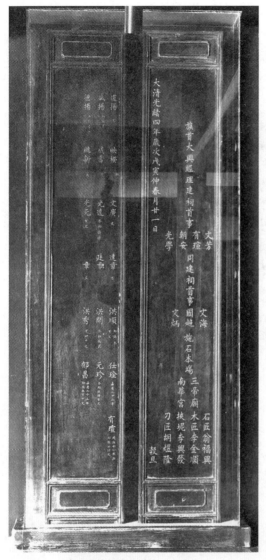

李氏建修祠堂叙碑之五、之六

第一组两块为碑序名称及正文，10例，共336字。

第二、三组四块主要内容是：（1）记载碑序作者为裔孙李光学；（2）附录——李氏族人募捐功德名录；（3）建修祠堂族首事及具体施工人员名录；（4）落款为清光绪四年（1878）刻碑。遗憾的是目前第五块碑与第六块碑置放位置错误，希望相关部门能尽快调整。

李氏建修祠堂叙碑记录了仙市李氏家族修建祠堂的原因、经过和目的。主要记载有"敦本睦族""深根蒂固"，即修建祠堂的目的是把族人聚集起来不离散，尊祖敬宗。据募捐功德名录有逾80位李氏族为建修祠堂，纷纷募捐。

碑文记载"吾族由粤迁蜀"，这反映了历史上"湖广填四川"的重大移民事件，说明当时不仅"湖广"行省的人移民到此，还包括了被称为"粤"的广东、广西地区的人。同时，碑文还显示"承顶豫庙店房一间"，这说明除了粤省人，还有河南等省份人迁居到此。这对研究仙市乃至自贡地区的移民文化具有重要意义。

碑文中还体现了当地的一段"战争史"，讲述了"滇匪扰蜀"，即咸丰九年（1859），云南昭通地区的李永和、兰朝鼎两人响应"太平天国"起义，占据当时富饶的自贡盐场的事件。

据历史资料记载，仙市原名仙滩，始建于1400年前的隋代，民国元年（1912）改称"仙市"。这里"因盐设镇"，是釜溪河当年盐运重要码头之一，有"中国盐运第一镇"之称，古文化遗迹保存完整。碑文记载"吾族由粤迁蜀附近仙市者"，这说明在当

"李氏建修祠堂叙碑"现藏陈家祠

时已经有"仙市"这一称谓，从碑所刻时间来推算，仙市的称谓还可以向前推至清光绪四年（1878），而并不是历史资料所记载的民国元年（1912）。

这通木刻碑的碑文内容多处记载李氏家族在这里买房置店，呈现出清咸同至光绪年间仙市的商业繁荣，也从侧面反映了当时自贡盐场的富饶。仙市作为自贡"东大道下川路"运盐的重要驿站和水码头，自贡盐场的盐经过这里外运至成都、隆昌、荣昌及湖南、湖北等地，印证了史籍所记载的"挑夫盈途""帆桨如织"的盛景，是自贡盐业兴盛的一个缩影。

□□□桥暨会仙桥碑序

释 文

□□□桥暨会仙桥碑序

　　□而水涸则成梁，梁者，石聚水中，以为步渡彴也。昔郑子产以其乘舆济人，于□惠而不知为政。岁十一月徒杠成，十二月舆梁成，民未病涉也。盖谓其有惠，不知以时修治桥梁，以便民渡。然则跨岸横流之设，贤有司责与。然古昔境，临地者，又政简刑措，屑末之事，上得而亲。我朝舆图之广、林总之密，倍蓰疥代，故□辐辏而无隙隙。□怪虹腰雁齿，逐处鳞次乎？必欲守土者，过而问之，恐舆盖，然则奈何，惟视其地之间长，党正何如耳？若然肩，斯责者若而人乎？弟所费甚□，或募于行人，或筹于本地，今时事，大抵然矣。本集旧有关桥一所，其右为会□，人久便步履，忽甲午六月，洪流山拥，巨浸雷奔，左右二桥，一

□□□桥暨会仙桥碑序拓片

时隤圮。是知世□横蛟人，匪张良上鹊堕履，盈盈一水，渺渺予怀矣。首事者悯焉，于是就地筹□码头，修砌完固，庀工于乙未正月，以丙申岁讫事。从此玉栏金柱，无劳乌鹊石□□永□彩虹之驾。受书者昂霄而夳，题柱者超乘而回。搗玉之人寻偕仙侣□□□矣。是役费资若干，措施者、某经理者、某例得镌于石。

　　邑庠生李翼撰　张文仲　卢志君　沐手敬书

　　谨将功德鸿名列后

　　（略）

□□□桥暨会仙桥碑序之一

□□□桥暨会仙桥碑序之二

会仙桥

调查与研究

会仙桥位于邓关街道会仙桥社区，东西走向，建于清光绪八年（1882）。1960年增高扩建，后政府多次拨款维修。会仙桥横跨在釜溪河支流铁钱溪与釜溪河交汇口，是连接富顺至泸州公路的交通要道。原为单孔拱券式石平桥，扩建后为三孔石平桥，单孔净跨28米，桥高15.2米，桥面长62.4米、宽12米，两边由条石砌成栏杆。

民国二十年（1931）版《富顺县志》载："会仙桥，在县南十五里邓井关之西岸铁钱溪口。清光绪八年，里张立和倡修。破土深掘不得坚底，督工者苦之。有丐旁指曰：'从此掘下，当有所获。'从之，果获大石如卵，即以为基。丐亦遂渺。相传神助，因以会仙为名。"

该碑现立于会仙桥旁观音阁献技楼下，共6通石碑，第1通为"序文"，第2～6通为"功德鸿名"。碑高1.82米、宽0.87米。《碑序》作者李冀是当地的一名"庠生"，其生卒事迹待考。书家张文仲、卢志君二人不详。

会仙桥地理位置极为重要，既是富泸公路要道，又处铁钱溪与釜溪河交汇口，为水陆两路纽带。民国二十年（1931）版《富顺县志》载："夹岸列肆，帆樯如发，直接沱江，甚为壮观，为富顺水陆通衢，濒溪市聚之冠。"昔时邓关水路盐船千帆竞发，陆路盐担往来其间，在自流井井盐的全盛期是井盐出川的必经之地。

仙市南和村南华宫木刻碑

释 文

（一）"溯本探源"碑

溯本探源

陆祖始末原由

陆祖系河南开封蔚府县人氏，姓卢，名文秀，法名惠能。生于唐贞观十三年戊戌二月初八日子时。二十岁在湖广黄梅寺削发，师传马五祖，得授衣钵真传。后云游至广东韶州府曲江县，见曹溪山清水秀，求之地主陈华仙云化一袈裟之地足矣，华仙许之。陆祖遂显神通法力，以袈裟铺设方圆八十里，大开禅堂，聚僧五六百，讲经说法。遂证佛果，八月初三系肉身坐化。至宣宗御赐袈裟；至太宗加谥大鉴真空禅师；至仁宗加谥大鉴真空普觉禅师；至神宗加谥大鉴真空普觉圆明禅师；至大清嘉庆十一年正月，福建台湾洋匪作乱侵掠地方，侍卫黄仁勇奉旨领兵剿贼，四十余期未克。于三月初二忽来一僧求见，口称吉日可剿，随即出兵步战。僧遂现出袈裟法力，平伏洋匪，随劝赏功并无踪迹，因共默形实广东南华寺。宝祖托僧显化于五月，凯旋疏奏恭呈御览，龙颜大喜，于六月初八日旨下，敕封盖天古佛。随命四川翰林院刑部尚书左侍郎周兴岱领饷银四万两，至广东曲江县南华寺，重修寺院，改装金身，永祝万古。

计开公议章程

一议：凡神会期首事及阖省人等，俱宜整顿衣冠，以昭诚敬。毋得白头赤足，亵渎神明。

一议：总首务择殷实老成，凭众公举。至香首一年一举，亦必择其勤慎公直，方许充当。凡银钱进出数目一年一算，凭众结明。注簿移交，上清下接，上保下承。不得私心串奸，滥举彼此朋吞，亦不得任意滥交，希图卸责。

一议：神会凡事务由总首专主、香首承办，不许旁人借箸阻挠。如被人欺侮，有关庙事首事秉公正直，凭众理处。

一议：照灯首事理宜洁净，诚心敬点，自点灯赶上庙。歇宿灯完，归家不许耽延外游，以便照管庙内家俱物件。一切事务均宜从俭，毋得耗费。

一议：庙上动用家俱等件，该首事僧人留心经理收藏，以免毁坏。无论本省外省借用，务要先向首事说明，方许出借。不许未执事人私取私借，以免遗失。

一议：殿宇理宜洁净，无论本省外省并佃户人等，凡庙内走楼、戏楼、花厅一切空地，不许寄放货物及粪桶等件。亦不得招佃歇宿，作灶烧锅，熏污佛地。

一议：会业租息，准于二、八两月神会之前即摧佃户将钱均半送至，以便办会。倘过期不楚，该首将业另行另佃。其佃户不得私行转佃，取稳加租。如有此情，亦该首取回另佃，不得异说。该首亦不得徇私自佃，如要自佃，须凭众议妥佃明方可。

一议：僧人所以奉神，凡殿宇务要洁净，以免污秽。毋得嫖赌，滥吃洋烟，酗酒滋事。亦不准招留游方僧人以及闲杂人等，在庙骚扰。如不守清规，许首事凭众逐出，但不挟嫌妄逐。

一议：神会庆贺演戏，凡神庙地方什物等件，该总首、香首管理须留心清查，以免匪徒乘机窃扰。尤不许戏场内设灶卖食，熏毁庙宇。

一议：庙内凡有先生设馆教学，每年称给香钱四千文。其一切使用器皿自行置办，不得借用庙会之物。至于弟子尤当禁戒。毁坏庙内柱壁、门窗、家俱等件及敲钟击鼓，倘有此情，为先生是问。

以上数条，凭众公议，俟后诸君各宜遵照办理。庶几可迎神麻而获福无量矣。

大清光绪十七年岁在单阏大梁月中旬　穀旦

（二）"流芳百世"碑

流芳百世

计开建庙寮化□□□各场神会，乡亲功德姓名胪列于后：

（略）

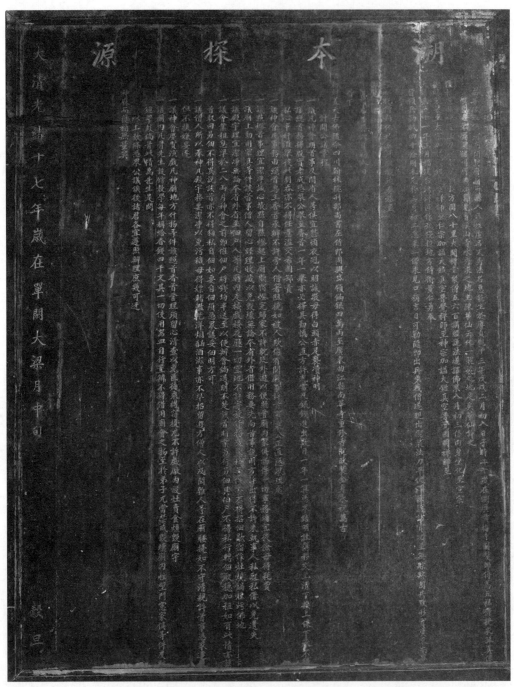

南和村南华宫木刻——"溯本探源"碑

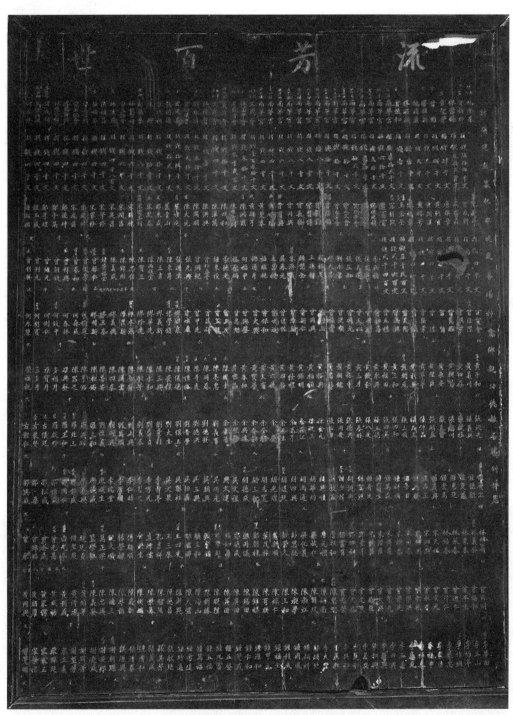

南和村南华宫木刻——"流芳百世"碑

南和村南华宫外景

调查与研究

南和村南华宫木刻碑，为楠木刻板，黑漆为底，鎏金文字。刻碑板高2.35米、宽1.85米，共两块。保存完好，现藏仙市镇仙滩社区。

第一块从右至左刻"溯本探源"四字。碑文内容分两部分：一是"陆祖始末原由"，一是"计开公议章程"及尾款。凡30例，文字约千字。

"陆祖始末原由"叙述陆祖惠能事迹。惠能（638—713），被尊为禅宗六祖，俗姓卢，唐代新州（今广东新兴县）人。24岁闻《金刚经》开悟而辞母北上湖北黄梅谒五祖弘忍，以一首"菩提本无树，明镜亦非台。本来无一物，何处惹尘埃"的法偈得五祖认可，夜授《金刚经》，密传禅宗衣钵信物，为第六代祖。

惠能在曹溪大倡顿悟法门，主张不立文字，教外别传，直指人心，见性成佛。他用通俗简易的修持方法，取代繁琐的义学，形成了影响久远的南禅宗，成为中国禅宗的主流。六祖惠能的思想，集中体现于《六祖法宝坛经》。

惠能生于唐贞观十二年（638），"（唐）先天二年（713）八月三日灭度"，"春秋七十有六"，这是《坛经》以来一致的传说。碑文误为唐贞观十三年（639）。

"计开公议章程"为南华宫所立规章制度，共十条，是行为规范，对僧俗具有约束力。第一条是总则，开宗明义，神会期入庙者"俱宜整顿衣冠，以昭诚敬"。以下则从寺庙选人用人，财务管理，物件收纳、会业租息、清洁卫生、设馆教学等方面做出了若干规范性要求。如选人要"殷实老成"；财务管理做到"银钱进出数目一年一算，凭众结明"并"注簿移交"；物件管理"留心经理收藏，以免毁坏"；会业租息在规定的时间内务必"将钱均半送至"，且佃户不得"私行转佃"；清洁卫生方面"理宜洁净"，不得随意"作灶烧锅，熏污佛地"；设官教学，学生若有损坏公物"为先生是问"等都具有可操作性。今天的寺庙管理，仍可资借鉴。

尾款："大清光绪十七年岁在单阏大梁月中旬，穀旦。"载明立碑时间。清光绪十七年，即1891年，距今已130年。"单阏"，卯年的别称，《尔雅·释天》："在卯曰单阏"，1891年为农历辛卯年。"大梁"，为纪月法，十二星次之一，指阴历四月初五至五月初五。"穀旦"，语自《诗经·陈风·东之门》："穀旦于差，东方之源。"《毛传》："穀，善也。"表示晴朗美好的日子。

第二块从右至左刻"流芳百世"四字。是为修建此南华宫而募捐的宫庙、井灶、典当等和个人功德名录。本篇名录从略。

南和村南华宫建筑轩昂，雕绘精美，以其地偏僻而得到完整保存。2003年，富顺县人民政府将其公布为县级文物保护单位。目前，为敬老院占用。南华宫是清代自贡盐业经济发展的见证，也是仙市乃至沿滩地区盐运文化的重要物证。对研究自贡盐业历史、沿滩盐运文化具有重要价值。

子诚公祠祝枝山诗碑

释 文

无人花自开，

山合草凝碧。

一片结孤云，

轻风吹不去。

枝山

调查与研究

祝枝山诗碑原刊立于王和甫所建"子诚公祠"（今王家大院）内，现藏自贡市盐业历史博物馆。刻碑时间待考。碑呈长方形，石质细密坚硬，色微红。碑体纵1米、横2.2米、厚0.1米。石刻正文20字，草书，为五言绝句。落款两字"枝山"，钤"祝枝山印""允明"双印。通碑雕工精细，系弧形凿沟（阴文），是书法与石刻相结合的艺术精品。

祝枝山（1460—1526），字希哲，名允明，因左手生六指，故自号枝山。明代著名书法家，擅诗文，尤工书法，名动海内。他与唐寅、文徵明、徐祯卿并称"吴中四才子"。其代表作有《太湖诗卷》《箜篌引》《赤壁赋》等。所书"六体书诗赋卷""草书杜甫诗

祝允明像

祝枝山诗碑拓片

子诚公祠（王家大院）内景

卷""古诗十九首""草书唐人诗卷"及"草书诗翰卷"等皆为传世墨宝。

  王和甫（1867—1930），字德鸾，系自流井珍珠山王宝善祠水支第十八代传人，自贡大盐商。清光绪十六年至二十二年（1890—1896），在岱山村筑"子诚公祠"，以纪念其父王子诚，并托人从外省运回这通祝枝山诗碑嵌于祠内花厅墙壁上。

富顺县

"第一山"石碑

释　文

米芾书

第一山

邑人韦蕃立

调查与研究

"第一山"石碑位于富顺西湖右岸钟秀山山腰，宋育仁监修的《富顺县志》（1931年成书）说："明邑人韦蕃立石，上刻'第一山'三字，米芾书。相传'第一'两字由他处摹刻，'山'字为邑人所补。"据刘海声先生考证，1981年9月《旅游》杂志四期关于武当山的介绍和"第一山"碑照片字迹确定：富顺"第一山"与米芾为武当山题写的"第一山"三字笔迹完全符合，毫无差异。由此看来，石碑上的"第一山"三个字，应该是米芾真迹，并无本县人补写"山"字之事，这三个字当是拓于湖北武当山。

米芾（1051—1107），字元章，号襄阳居士，官拜礼部员外郎，人称米南宫，与苏东坡、黄庭坚、蔡襄合称北宋四大书法家。据史料记载，米芾从未来过富顺。那"第一山"书碑从何而来？原来是一位叫韦蕃的富顺人致仕回乡时从湖北武当山拓回米芾手书"第一山"三字，刻石立碑于县城钟秀山腰，三百余年一直保存完好，现成为县内重要文物之一。韦蕃，字本培，富顺人。明神宗万历三十二年（1604）进士，历官至大理寺正卿。

"第一山"石碑，阴刻文字，碑高2.40米、宽1.10米，厚0.20米，加上弧形碑帽和长方形碑座，全高3.25米。清人陈祥裔在《蜀都碎事》写道："富顺县治后山上文昌宫，有米元章题'第一山'三字，字大如轮，遒媚可爱。"

"第一山"石碑

"第一山"重刻石碑

碑的背面碑帽阴刻篆书文字4行，前3行每行3字，尾行2字，共计11字。文曰："富顺县文昌宫祈雨有感碑。"可惜的是碑文已风化漫漶，无法辨认了。这里传递出一条很重要的信息，明神宗万历年间富顺经历了一次大的旱灾，地方官员在文昌宫（在今钟秀山上，已毁无存）举行祈雨法会。碑名曰"有感碑"颇有意味，是祈求到了雨因而立碑感谢天老爷？还是未祈求到雨，对这种听天由命的祈雨方式的一种否定，因而将其感悟立碑以警醒世人呢？两种可能因碑文的漫漶莫辨现已无法揣测了。"祈雨有感碑"为我们深入研究富顺地区的发展、民风民俗、自然灾害等提供了重要的实物资料，这点是肯定无疑的。

有趣的是清光绪三十二年（即丙午1906年），乐山增生谢文明到富顺做客，见"第一山"三字"纵横变化，俨有龙跳虎卧之势，遂凝睇久之"，竟不舍也拓去。民国七年（即戊午1918年），谢文明将从富顺拓去的"第一山"镌刻竖碑并撰志文，立在峨眉山圣寿万年寺，因而此碑就更加流传广远了。

谢的志文写得很有文采，不妨亦录如下：

□□戊午岁孟夏月念八日乐邑增生龙田谢文明谨志并书："志欲小天下，特来登泰山。仰观绝顶上，犹见白云远。"此椒山公触景会心之句，意以山有尽而道无穷也。士君子游目骋怀，鸢鱼自得之妙，何在无之？丙午岁余客江阳，偶约同人散步于土主山，获睹米襄阳先生石刻"第一山"三字，纵横变化，俨有龙跳虎卧之势，遂凝睇久之。则见玉屏列于前，玛瑙峙于后。左右复有湖光荡漾，名曰第一山，不诬也。然而苍海曾经难为水，巫山以外不是云？因思峨眉天下秀，释氏称为"震旦第一山"。诚实之□□则南宫笔妙以之坐镇此山。有不叹观止乎！爰采佳石觅良工照式阡就，移竖于峨之万年寺。非欲邀福于山灵，或山灵不至笑我耳。

文中"椒山公"，指明代著名谏臣杨继盛；"江阳"，自然指富顺；"土主山"，是今钟秀山的旧称。当年的钟秀山"玉屏列于前，玛瑙峙于后"，西湖则是"湖光荡漾"，美不胜收。

经过三百多年风雨洗礼，"第一山"石碑已经满目疮痍，碑阴面文字模糊不辨，碑阳面亦有块状破损。2008年，县文化局以透明玻璃罩护之，几年过去，保护效果亦不甚明显。水浸入罩内，难以自然蒸发，隐约可见霉苔弥漫，这对文物是否造成保护性伤害，尚待时日检验。可喜的是在加罩的同时，文化局的同志按古碑规制重刻"第一山"石碑于老碑之右侧，并刻上"公元二〇〇八年一月重立"字样。古今两碑一种传承接续跃然于目，可见其用心之细，用心之良，游人至此，莫不为之点赞。

通济桥牌坊铭记

释 文

通济桥牌坊铭记

昔者龙门巨石，大禹凿之；天柱崩颓，女娲补之。是天地之造化，尚借人力以维持，而河山之废兴，得不假人工而补葺哉！遥稽上古，栽培之风可闻；溯及前徽，灌溉之典益见。盖秦之过海，唐之宝带，昭功烈于万季；汉之万里，宋之万安，著功勋于千载。以及方桥圆桥之制，大涧小涧之规，狩欤休风正未艾也。今富顺县下东路在城乡琵琶场山径之溪有一梁焉，虽非九达之衢，尝集四郊之众，而往来人等络绎不绝者矣。然世远年湮，不无倾折，而风飘雨洒，岂久常新。此所以前人有修建之举，而后世亦有重补之业也，吾侪生逢盛世，运际昌明，虽然享和平之福蔼蔼矣。乐康衢之休，目击其事，心注其原，惜无七星，徒有两石，仿月令开通之条法，周礼土圭之册，约集同人订簿募化，集腋成裘，共勤厥事，为之造一虹桥，名曰通济。通者普也，济者益也。取其架竹为桥，不俟矣。造舟为梁，不俟矣。客有通行履周道者，歌坦坦；民无病涉遵王路者，颂平平。而天下后世亦无不利焉而已矣。

玉花大仙撰

纯阳老祖政

嘉庆甲戌秋九月　吉旦

通济桥牌坊匾额

□授富顺县正堂加三级军功

带加一级纪录十次张

富顺县儒学正堂姚杜

万古常新

书字彭家璧

总理桥工首士胡运隆

匠士李世辅

通济桥牌坊铭记拓片

通济桥牌坊匾额

调查与研究

通济桥位于富顺县琵琶镇青峰村，建于清嘉庆十九年（1814）。石桥横跨佛见河，长40米、宽5.3米、高6.5米。桥身为3拱弧形，拱高5.2米，中拱跨度8.8米，边拱跨度7.5米，桥身有两条石龙镇桥。

石坊因桥而建，建于桥北20米处。四柱三间，歇山式顶盖，通高8.5米，面阔6米。正楼坊眼两面刻记"通济桥"三字，匾额刻"万古常新"。石坊檐下雕刻人物花草图案，立柱、横坊题刻有楹联、坊额，其人物雕刻精美、生动，文字雕刻工整细腻。录楹联三副如下："溪水一湾，溶溶月影辉流远；人踪万遍，得得时熙彩胜长。"又："允矣浮河佳锦著；钦哉架海美妍垂。"又："巨石磷磷，巧匠凿成千古景；小溪潋潋，善人处作万年功。"其坊额刻字有"虎踞龙盘""逝者如斯""万古常新"等。通济桥牌坊铭记，长2.3米、高0.75米；通济桥牌坊匾额长2.3米，高0.55米。其撰书者玉花大仙、彭家壁事迹不详，待考。

174

通济桥及其牌坊，具有较高的历史、艺术、文化、科学价值。1988年4月，富顺县人民政府公布其为县级文物保护单位。

一百年前，德国建筑师恩斯特·伯施曼（1873—1949），于1906—1909年穿越中国14个省区，对中国建筑进行考察，拍摄了大量照片，到访富顺县时，给通济桥拍了一张最早的照片！

恩斯特·伯施曼镜头下的通济桥（1906—1909）

通济桥

"三教祖师赞"碑

释 文

额篆：三教祖师赞

三教祖师赞

绘像王辉　东华龚文渊述

上有青天，下有黄泉；中有太极，一理浑然。仰之弥高，钻之弥坚；忽然在后，瞻之在前。

古皇先生得此理以为佛、太上老子得此理以为仙、吾孔夫子得此理成天下之圣贤，辅帝王于万年。巍乎其有成功，焕乎其有文章，荡荡乎民无能名焉。

中岩住持学古心焚香刊

大明天启辛酉正月既望　吉旦

大清道光庚子孟春廿日　住持莲修重刊

万古不磨（钤）碑存月岩

镌字王轸　刻石李发元

调查与研究

富顺千佛寺，旧称千佛岩石窟寺，位于县城北玛瑙山。千佛寺始凿建于唐朝懿宗咸通年间（860—874），距今已逾1100多年，曾先后名曰"中岩寺"和"普觉院"，后因岩上凿有千手千眼观音菩萨一尊，故而得名"千佛寺"，又名"千佛岩"。寺内历代游人留下诗文题刻甚多，邑人尚书李长春及名僧天风和尚等有诗赞，清代知县中的钱绍隆、季友、王令树等皆有诗刻遗存。这些题刻遗存，对研究富顺县石刻造像及佛教文化具有一定价值。1987年，其被公布为县级文物保护单位。

"三教祖师赞"碑

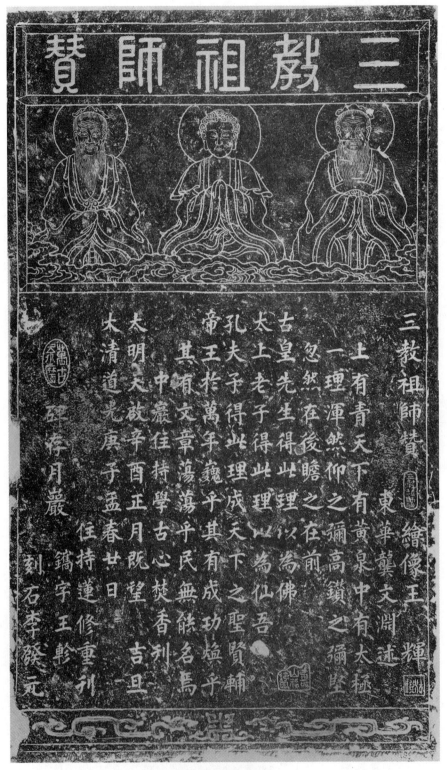

"三教祖师赞"碑拓片

富顺千佛寺

　　明朝天启辛酉年（1621），中岩寺住持学古心焚香刊"三教祖师赞"碑一通。甲申（1644）兵燹，中岩寺毁于一旦，碑亦无存。清道光二十年庚子（1840）住持莲修重刊是碑。

　　据释宏淑法师讲，这块碑很长时间下落不明，在多方努力下，经过长达七八年的寻找，最终在县老公安局不显眼的后院里找到。万幸的是，这样一块意义非凡，极有文物文化价值的石刻古碑竟没有被毁掉。冥冥之中，如有神助。

　　清重刻"三教祖师赞"碑现立于天王殿后念经堂屋檐下，今配置石刻蛤蟆为碑座。碑高1.3米、宽0.6米、厚0.08米。通碑古朴肃然，正楷书写，字迹清晰，保存完整。碑上部是三教祖师阴刻画像，并额篆"三教祖师赞"5字。碑下部是赞文91字，落款详述明刻、清刻的具体年份和住持人，以及镌字、刻石人姓名，并注明"碑存月岩"。月岩，为千佛岩之别称，以寺内每逢月中，明月高照，故名。据说碑阴尚存文字，手触摸亦有文字之感，奈何无法拍照，只好付之阙如。

　　三教指释教、道教、儒教。古皇先生为释教祖师，即释迦牟尼；太上老子为道教祖师，即李聃；孔夫子为儒教祖师，即孔子。此碑揭示了以儒、释、道为主流的中华文化博大精深之内涵意旨所在，成为镇寺之宝。

回澜塔楹联

释　文

道光二十六年冬月
玉塔崇隆，永作江阳砥柱；
金城映带，障回雏水波澜。
岭南陈长墉题

调查与研究

　　回澜塔，又名锁江塔，位于富顺县富世镇锁江村大佛岩上。建于清道光二十六年（1846），其名取自韩非子"障百川而东之，回狂澜于既倒"之意。夏秋之际，夕阳西下，塔影正好截断沱江江流，有阻波回澜之势，故又名锁江塔。四周围墙环抱，占地1450平方米，条石建造，高3.1米，边长14米，垂代式踏道12级。塔高56米，砖石结构，九层八边形楼阁式，攒尖三宝珠顶，层层上收，造型秀丽玲珑，各层均开窗户，塔内螺旋踏道141级可登临顶层。整个塔身建造气势磅礴，外部每层檐下泥塑花卉、人物等，工艺精湛，栩栩如生。其建筑精美，气势雄伟，历史悠久，具有较高的历史、艺术、科学价值。2007年6月，被公布为四川省级文物保护单位。

回澜塔楹联

围墙大门额题"高瞻远瞩"，门柱楹联："不尽江流归眼底；无边福泽餍心怀。"塔身有张震（清代富顺进士，曾任山东曲阜知县）题书联："佛顶现圆光，收来德水深千尺；仙云归洞口，下放烟波下五湖。"塔门上弧顶门匾题刻"回澜塔"三字，从下至上分别为"永镇江阳""西南一柱""岳峙澜亭""富育四新""云蒸霞蔚"。七、八、九层太高，字迹部分剥落，直观不易看清。各层均有七孔圆形窗，从塔内螺旋踏道143拾级可登临顶层。

回澜塔

"玉塔崇隆，永作江阳砥柱；金城映带，障回雒水波澜"此为塔门石柱楹联，高1.8米、宽0.35米。富顺于北周天和二年（567）建县前属江阳县，又因城在沱江北岸，故有"江阳"之称。雒水，沱江旧名。联文赞誉富顺为"金城"，亦因其明中叶前富顺井盐生产为剑南之冠，乃富庶之地。登临顶层，万千景尽收眼底，俯瞰大地，真有"凭空御虚"之感。至若天高气爽、纵目远眺，北可一览自贡境内的天车，南可望泸州的方山，东观富顺县城高楼耸立，西览丘陵起伏，云烟缭绕。

联作者陈长墉时任富顺县令，广东揭阳县梅岗都（今揭阳市揭东区玉滘镇凤巷村）人。据清同治《富顺县志》载："陈长墉，号勤斋，广东揭阳拔贡，道光二十五年（1845），由开县调任。博识图书，捐制钱五百缗，倡修回澜、文光两塔，以培文风，自为碑记。升雷波抚夷通判。"近20年间，陈长墉先后历任四川新繁、蒲江、荣县、开县等知县，于清道光二十五年任富顺知县。

黄葛南华宫六祖庙碑

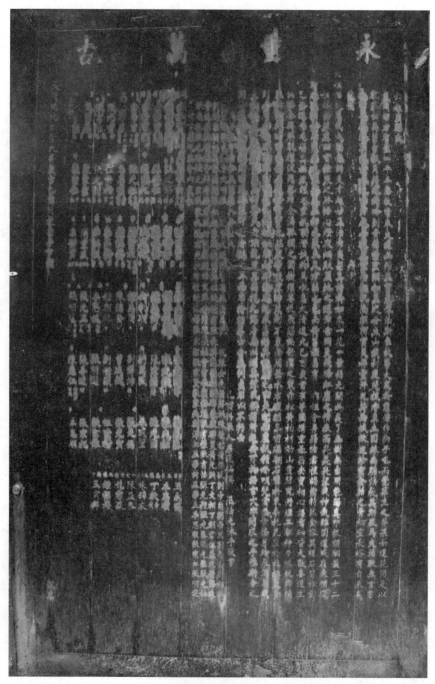

六祖庙碑文（木刻）

释　文

额书：永垂万古

六祖庙碑文

盖闻西方有圣，一千年声教，当来大道无形五百岁。像法斯住，故警大众于慈钟作狮子吼，而觉群生之梦，果如莲花开。是以驼来白马兰台，饫贝籍之精，吟到青鸳萧室□伽蓝之舍。鱼山戴刹，鹿苑披香，东主因缘，南赡法教，莫斯盛焉。夫治默无言，害征鹜化；德臻不灭，赞媲龙狮。方之吾道，岂尽出诬？况南朝阿育灾祥灵汗之符，西域欣迎珍重金胎之骨，栖灵表塔，有自来矣。

伏惟：

六祖佛号慧能，大鉴禅师，天才超妙，正法希夷，契真谛于如来。一花一叶，揭无关于美；了无树无台，用能锡真印，振颓纲，护三十二祖之法藏，建四百余众之胜幡。心灯夜炳，耿黑地之谜津；舌雨晨飞，涤红尘之情岳。高矣美矣，圣哉神哉。虽固道成岭表，犹复敕奉熙朝，金马碧鸡之谣，舆鬼巫神之惑，未足方兹也。邑南黄葛灏旧有六祖会，粤籍诸君礼瞻崇特。然金容莫瞩，石笏谁量？已登选佛之场，莫构藏经之室，执事潜诚于焉。慨息大清道光己酉岁，首事等图构灵基，籍安宝相心语，意知皆大欢喜。道生仁发，各得解脱。檀波罗密，布金满孤独之园；树须菩提，飞锡志舒灂之麓。赤松黄柏，材效山灵；碧鳌丹垣，二驱神力。鸿规聿焕，象教弥光。四时之供具盛修，百宝之庄严毕设。丰功茂制，不岁而周。釜水右环，炉峰前砺。翔石湾于东桑，托毗庐于北极。晨昏则金石升声，晴晦则云霞万色。虽抽秘骋妍研，稔砾纪未易形其诡丽也。由是宅神庐祇，积香呗梵云，盖常荫月轮永满，善哉善哉。观成属叙于愚，愚思仰苍天者不能度其高，把元海者无以测其深。况称谓所绝，安可于语言文字闲求之乎？惟斯会之所由建，与来庙之所由成。雕篆可形者，志之耳。而不舍诸善士合并，刊贞石以不朽云。

乙酉科举人唐莲仙撰，巫仕光沐手敬书。

（乐捐名录，略）

大清道光二十九年岁官，己酉月建，丙子下浣

富顺黄葛灏南华宫

调查与研究

黄葛南华宫，位于富顺县东湖街道黄葛社区黄葛灏街51号，建成于清道光年间
（1821—1850）。因多次沱江洪水泛滥被淹，年久失修而颓废，但其主体架构完整。
2020年5月，被公布为自贡市第一批井盐历史文化遗迹名录。

六祖庙木刻碑嵌于南华宫正殿左侧木板墙上，碑高3.2米、宽1.95米。额书"永垂万
古"4字，木刻碑题名"六祖庙碑文"，落款"大清道光二十九年岁官，己酉月建，丙子
下浣"。由此可见此木刻碑刊刻于清道光二十九年（1849），距今已170余年。碑文作者
唐莲仙（据清同治版《富顺县志》卷十七·选举·国朝举人·四十记载：唐莲仙，号西
池，道光五年（1825）乙酉科举人，书家巫仕光（巫，事迹不详，待考）。

六祖事迹，见本书《南和村南华宫木刻碑》篇，不赘述。

"保障东南" 摩崖石刻

释 文

保障东南

咸丰庚申，滇贼犯蜀南，吾邑值其冲。邑明经萧公云笙悯之，亟出家财练乡兵，督以击贼。自照石山始，既显于普安砦。而石灰溪一战，俘馘几尽，几获贼魁。贼遂不敢犯，乡人始安。厥后廿年，公以名进士出守普洱，卒于官。东南乡人思其前功，用磨崖纪之，亦籍为后贤劝云。

光绪癸未秋

邛州学正、同郡邑包汝谐拜识书。

摩崖石刻处沱怪石

"保障东南"摩崖石刻

"保障东南"摩崖石刻

（局部）

186

调查与研究

"保障东南"摩崖石刻，位于富顺县赵化镇普安寨西门外观音崖沱江边的石崖上。摩崖石刻石龛长约9.65米，高2.66米。左边楷书"保障东南"四个大字从左至右横排，约占龛面的四分之三，字径高1.47米、宽1.4米、深0.11米。右边竖书跋文123字，字径高0.15米、宽0.2米。

跋文中萧公云笙，即童寺清平寨寨长萧镛。其祖父是富甲川南、重修文庙的著名乡贤萧永昇（俗称萧三三），清咸丰初年，洪秀全太平天国举事时，萧永昇即率领族人"既筑人和寨，复修栗寨、清平寨，选丁壮练习其中"。萧镛，廪贡（雅称明经进士）出身，孙承祖业，在牛佛渡照四山征剿李蓝义军，一战成名，"斩首二百余级，夺马二百余匹，获军火器械无算，贼大困"。

清同治元年（1862）四月中旬，李永和率部渡过沱江，经赵化镇、绕普安寨、往上渡石灰溪（今安溪镇境）时，萧镛和赵化龙翔寨寨长高应顺率领的两支民团武装前后堵截。李永和部一败涂地，"贼方半渡，乘势掩杀，斩首数百级，溺死千余人，生掳贼目数十人"。李永和的母亲和妻子也被民团生擒，几近全军覆没。据刘光第《先伯泉溪公家传》记载："首逆李短搭搭，由石灰溪连败，窜八角寨，溪中浮尸几满。"逃出石灰溪的李永和，半年后在犍为县龙孔场被俘，解押成都后被处死。

萧镛因功赏知府衔、工部营膳司郎史，晋封通奉大夫，在云南普洱做官20年，卒于任上。

清光绪九年（1883），富顺士绅为旌表萧镛平叛征剿之功，特请包汝谐榜书"保障东南"并跋，摩刻于普安寨观音崖。包汝谐（1831—1917），清末书法家。字弼臣，晚年号谷叟，又名笔公。宜宾南溪县人。出身书香门第，同治六年（1867）中举。历任盐源训导、资州学正兼内江训导、绥定府（今达县）教谕。曾主讲南溪龙腾书院和富顺三台书院，生徒众多，清末四川状元骆成骧即出其门下。包自幼勤诗文，精书画，四川学政何绍基誉其为"叙州三杰"之一，其字人称"包体字"，四川名山古刹均留有墨迹。

"保障东南"摩崖石刻字体刚劲雄道，不乏书法艺术价值，亦为今天我们研究李、蓝起义提供了物证，具有较高的历史价值和学术价值。1982年7月，该石刻被公布为县级文物保护单位；2009年2月，被公布为自贡市文物保护单位。

陈锡瓒德政碑

释　文

光绪十四年岁在戊子春正月，阆县士民□□（公颂）。

绩底和平

县公陈君德政，公名锡瓒，字洛君，江西□□□（新城人）。

调查与研究

陈锡瓒德政碑，位于富顺县富世镇高峰村望神坡（今富顺县计生服务站旁边），碑刊立于清光绪十四年（1888）春。碑右镌"光绪十四年岁在戊子春正月阆县士民公颂"18字，碑左刻"县公陈君德政公名锡瓒字洛君江西新城人"18字，碑中为"绩底和平"4个大字。德政碑坐西南朝东北，碑身主体上下由两块石板拼接而成，有碑帽，至今保存完好。

距德政碑约10米处，尚有德政坊一座，横跨于旧时富顺县城通往自流井的石板驿道上。石坊东西两面正楼下均阴刻"去思德政"四字。共有楹联四副，其中两副字迹清晰，一是："能用猛乃能用宽，抚字勤劳，仁者襟怀儒者度；善筹兵更善筹饷，婴城固守，文臣经济武臣风。"二是："才毋逞，智毋矜，是西汉循良，五载共钦廉吏；和致祥，厚致富，看南州冠冕，双旌遥想能臣。"

陈锡瓒德政碑

陈锡嘏字洛君，江西新城人。曾先后于清光绪四年（1878）、十五年（1889）、二十八年（1902）三次担任富顺知县，总的任职时间长达17年之久。陈锡嘏在富任职期间，对富顺历史文化教育事业贡献尤多。

一是重刻段玉裁《富顺县志》，并亲自为重刻本"段志"书写跋文，并落款"时光绪八年壬午后令江右新城陈锡嘏跋"，史称"光绪八年重刻本段志"。

二是身体力行关心书院，光绪七年（1881）陈锡嘏为江阳书院"拨前令吴鼎立发当商生息本利钱一千串，

陈锡嘏德政牌坊

十年（1884）又自捐钱一千串，均生息为院生堂课膏火，又添购书籍。光绪十八年（1892），陈锡嘏聘任在家守制的名儒卢庆家为炳文书院山长，先后有百余人中秀才，十余人中举人、进士，培养出如谢奉琦、雷铁崖、李宗吾、张光厚等一大批近现代名人。

三是创办新学，清光绪三十二年（1906）陈锡嘏于城北三里十字岭创修"官立中学一堂"，即今天的百年名校——富顺二中。

五是慧眼识刘光第，光绪四年（1878），19岁的刘光第首次参加富顺县试，正巧遇上新知县陈锡嘏主持县试。陈锡嘏力排众议，将刘光第"拔置案首"（县试第一名），并勉励他继续努力以取更大功名。从此，刘光第视陈锡嘏为恩师。

在富顺任中，陈锡嘏居官勤慎，关心民瘼，颇有政声。县人为感怀他的德政，先后修建德政碑和德政坊以示纪念。碑文"绩底和平"是富顺各界对他最公允客观的评价，意谓取得功绩在于平和之心。"绩底"，又作"底绩"，语出《书·禹贡》："覃怀底绩，至于衡漳。"《后汉书·章帝纪》："追惟先帝勤人之德，底绩远图，复禹弘业，圣迹滂流，至于海表。"王闿运《诏建定兴鹿壮节祠碑》："明年涖本官，五载底绩。"

四川通省矿务总公司青山岭煤矿界碑

释 文

四川通省矿务总公司

下南路富顺县下东青山岭第六百三十一号至六百八十九号煤矿：

距县城五十里，东抵石牛寺为界，南抵漩水塆河边为界，西抵铁石坡为界，北抵茨竹口为界。

附录四围界址：

青山岭斜亘约五十里，其间煤窟林立，开挖已近二百年。自正东石牛寺起偏南斜下，由天池豆石口狗耳岩梨子林下抵漩水塆，由漩水塆西沿河至五□□□大屋基螺海堆上，抵人头石陶罐厂冷水口至铁石坡，复由铁石坡□北上□寺至沙塆麻柳沟黄坭凼，直上抵茨竹口至□□寺石海螺，复抵石牛寺合界。

宣统二年冬月初一日，劝业员王腾芳代标记。

调查与研究

清光绪三十四年（1908），为抵制外国资本入侵，应对各帝国主义国家对四川矿产的觊觎，在赵尔巽主持下，成立四川通省矿务总公司。总公司章程指出"除现在官办各矿及华洋商人禀准已开之矿外，凡川省未开矿产概归总公司承办经理"。规定以后在四川开采矿产必须由该公司承办，以免经营权落入外国人或公司的手中。

赵尔巽像

四川通省矿务总公司的前身为成立于清光绪九年（1883）的四川省矿务局，该局主要管理川省境内锌、铅、银、铜、煤等矿产。矿务局是行政管理部门，面对汹涌而来的外资，显得束手无策。而以企业法人身份成立的四川通省矿务总公司，则具有行政和企

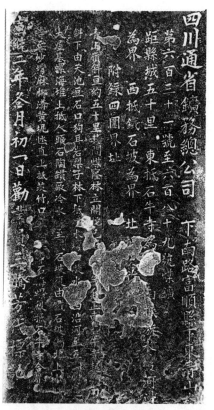

青山岭煤矿界碑　　　　　　　　　　　　　　青山岭煤矿界碑拓片

业双重身份，对有效遏制外资渗入起到了很大作用。

为此，赵尔巽特发布白话文告示，令各地土地所有者申报矿产，由总公司标记矿地。又拨官款三百万两作为总公司的保消费，借官费作为总公司的开办费。

富顺青山岭山脉矿产丰富，犹以煤炭为甚，挖煤小窟遍布山岭，开挖已近二百多年。清宣统二年（1910），经地方申报，四川通省矿务总公司派王腾芳经勘测确定631号至689号煤矿，并立碑标记。碑文明确了青山岭煤矿的东西南北四界地址，同时还确定了四围界址。青山岭煤矿界碑，对研究清末、民国时期民族工业历史和地方矿产开发沿革有一定文物价值。

赵尔巽（1844—1927），字公让，号次珊，别号无补，清末汉军正蓝旗，奉天铁岭（今辽宁铁岭市）人。清末民初政治家、改革家。任职期间在推进吏治、军制、财政、社会、教育、警务、狱制、捐税、盐厘、币制改革等多方面颇有建树。

王腾芳，为四川通省矿务总公司劝业员（官名，清末地方州县佐治官，掌理该州县农工商及交通事宜），余不详，待考。

"谢持故里"碑

释　文

民国三十三年

谢持故里

于右任题

"谢持故里"碑　　　　　　　　　　　　"谢持故里"碑拓片

谢持先生像

谢持先生手迹

调查与研究

谢持（1876—1939），富顺人。原名振兴、字慧生。清光绪三十年（1907），加入中国同盟会。1914年，加入中华革命党。1917年，护法军政府成立，任孙中山大元帅府参议，代理秘书长。1924年国民党一大召开，当选为中央监察委员。1925年11月与邹鲁等发起西山会议。1927年9月任国民党中央特别委员会常委、国民政府委员。九一八事变后，为全国统一抗战奔走。1939年4月16日在成都病逝，中华民国政府明令国葬，国民党元老邹鲁为之撰写《国民政府委员谢持墓表》。

民国三十三年（1944），国民党元老于右任先生题书"谢持故里"四字，并立碑于西湖之畔，碑高1.85米、宽0.90米。新中国成立后，石碑为富顺县文物保护管理所收藏。2004年10月，县文管所筑六角方亭于钟秀山下，并复制于右任题书石碑立于亭中，其碑阴镌刻《谢持生平简介》。在碑亭不远处的山腰，至今尚保存有谢持当年居住过的故居院落。

富顺县孔庙培修碑记

释　文

富顺县孔庙培修碑记

　　吾邑孔庙崇闳壮丽甲于全川岁庚辰遭日机轰炸西庑荡烬像亭崩圮越四载而日寇降大局定□□□

　　十巫谋规复卢铁铮刘汝谦张杜洲诸先生持之尤力适余管孔诞纪念会务乃以民国三十五年□□□

　　立孔庙培修委员会县长张君孟才主其事余为其副别推赖厚钦刘文修张炳文魏汉洲毛仲□□□□

　　刘孝和邓镜湖诸君分司监工采买财务总务之责以丁亥夏历四月十日开工越三月毕黄□□□□

　　之江津砖木灰石采诸本县鸠工妥材力求其当收支拨拂力求其慎计用法币五千七百捌拾叁□□□

　　二百元有奇经费之来盖由会陈请以县有公济公馀仓谷变卖备用幸荷县参议会开会赞□□□□□

　　芹简主任端□更相兴协助秋谷未登复商借县田粮管理处黄谷一千市石约于秋季无息拨还又□□

　　处长修敬□助而始克底于成今之志之非以纪功盖使县之人士知此事之由来而晓然于众擎之□□

　　溯孔庙于前清道光十六年倡议改建邑绅萧永昇捐资独创厥后祀产计分为三一曰□会一曰□□□

　　一曰乐器会合之几八百馀亩市廛之房产尚不在内鼎革以还大会与岁修局之财产□斤卖□□□□

　　存者仅大觉寺一业约田四十亩已出卖与任君志远经其母曹太夫人阻止任母以□女子而□□□□

194

任君养志无违至今人犹称之今则合乐器会业年可收租谷壹百肆拾馀石民国十八九年□□□□□

官公营庙会产曾悬榜拍卖封仓过糶戊庙将弁更欲塞泮池毁欞星其时余董会事□□□□□□□

庙必须保存奔走呼号文电陈皭变旧日首士之制而为孔诞纪念委员会厘定规章条□□□当是时也

（以上为碑一）

希承当轴意旨断□威胁者颇不乏人余持之以正好义之士翕然从风卢山长□迷万□□□□□□□

通二十四军部权要逾一载竟获保留后之两年瓜代丁祭必修庙貌常新飨祀衣式□□□□□□□

之亦非以纪功盖使知乎一时正义之所趋虽有大力者不莫之或挠一庙之兴衰如□□□□□□□

焉吁嗟乎自海禁大开人趋新异弁髦孔孟之言行更欲併其祀而废之庸讵知乎崇祀□□□□□□□

貌也盖其所启迪者为天理之所必然人心之所趋往举其道揆法守及其他微言大义□□□古今□□

之能外斯其所以如日月之经天而□国父之所以服膺于礼运大同之旨也□□□□□□□□□

者立说陈言又何尝不自是其是但当其一人处羞恶是非之际其羞恶是非之□□□□□□□□□

莫之敢辩斯方苞原人之篇所谓帷动于恶而犹知之故人之性视禽兽为可返也□□□□□□□

贵一旦触缯弋涉纲罟而始知乎水之不可须臾以离是斯庙之培修岂□□人以□□□□□□□□

哉庙既成旧植桂花四株一时绽开香闻遐迩为历年所未有邑之父老争相趋告曰□夫子之□欤人□

圣人不语怪力乱神之义何敢有所铺陈但敬人事以迓天麻是县之人文当相兴也□□□□□□

余不文曶足以记之

邑人陈琦恭撰　任重恭书

中华民国三十六年岁次丁亥十月中浣

（以上为碑二）

调查与研究

富顺文庙，又称富顺孔庙，始建于北宋庆历四年（1044）。整座建筑由红墙环抱，沿中轴线依次有数仞宫墙、泮池、棂星门、大成门、天街、月台、大成殿、崇圣祠，两侧厢房对称布置，组成三进庭院。数仞宫墙东西两端为礼门、义路，前院东西厢房为乡贤祠、名宦祠。中院厢房为东庑、西庑。后院厢房为馔厅，最高处为敬一亭。富顺文庙是祭祀孔子和举办官学共用的场所，历经宋、元、明、清、民国、新中国各时期修葺和改建。富顺文庙是我国保存较为完整的文庙之一，具有较高历史、文化、艺术、科学价值。2001年6月，国务院公布其为全国重点文物保护单位。

《富顺县孔庙培修碑记》共两通，刊于文庙中院西庑北端廊道墙壁上，碑高1.38米，宽1.32米，厚0.13米。镌碑时间为民国三十六年（1947）十月，富顺陈琦撰文、任重书碑（陈琦、任重二人事迹不详，待考）。

富顺文庙大成殿

富顺县孔庙培修碑记之一拓片　　　　　　　　　　　富顺县孔庙培修碑记之二拓片

民国二十六年（1937）卢沟桥事变爆发，中国进入全面抗战时期。次年年底武汉、广州相继失陷，国民政府退守内地，坚持抗战。日军对中国西南井矿盐生产基地——自贡盐场，实施了大规模的"盐遮断"轰炸行动。自1939年10月10日至1941年8月19日，日机7次对自贡市进行了狂轰滥炸，造成人民生命、财产巨大损失。

当时与自贡市比邻的富顺县亦未能幸免，据《自贡市志》（方志出版社，1997年11月版）记载：1940年7月17日，日军飞机27架次轰炸富顺县城，炸死140人、伤145人，炸毁房屋700间。此外，在文庙大成殿前月台西侧的石台基上，至今仍清晰可见当年残留下的日机轰炸西庑时的弹痕。1910年前后，富顺县文管所曾收藏了一枚在五府山出土的日机轰炸县城时扔下的尚未爆炸的炸弹（已移交富顺县人武部）。日军野蛮轰炸富顺，馨竹难书，铁证如山，罪责滔天。

抗战时期，富顺文庙是该县抗战宣传和活动中心，在文庙内设有相应的办事机构，在临街的数仞宫墙前设有宣传栏和捐款台，及时向市民公告抗战信息和接受社会的抗日捐款。富顺文庙在八年抗战中发挥了重要作用，为富顺县屈指可数的抗战文物史迹。展示富顺抗战历史，有助县人铭记历史，珍爱和平。

碑记记述了文庙西庑被日机炸毁与修复的过程。日机对富顺县城的轰炸，造成文庙"西庑荡烬，像亭崩圮"。1947年，富顺县各界民众成立"孔庙培修委员会"，时任县长张孟才［张孟才，四川青神人。民国三十二年（1943）五月由荣昌调富顺接任县长，民国三十八年（1949）五月离任。治理富顺时达六年，是富顺民国时期任期最长的县长。］出任培修委员会主任"主其事"，于是年夏历四月十日开工。富顺人民有钱出钱，有力出力，张县长亲督工程进展，施工管理人员"不可须臾以离是斯庙之培修"，仅用三个月时间修复工程告竣。

因碑体下部风化甚重，碑文漫漶已无可辨识，亦未找到碑文文献，故而本篇未对碑文句读。

荣 县

大宋故赠通议大夫王公墓表碑

释　文

大宋故赠通议大夫王公墓表

　　观文殿大学士、通奉大夫、提举西京嵩山福宫清河郡开国公张商英撰。大中大夫、守尚书右丞、兼神霄玉清万寿宫副使、陇西开国公李邦彦书。保和殿学士、银青光禄大夫、提举三山河桥安定郡国侯孟昌龄篆。

　　太常博士王潜夫，元丰末非罪失官。元祐丙寅八月十五日，以宣德郎终于南荣私第。终之日，其夫人向氏，年三十六。三男长曰廱、次曰庠年十六、次曰序年十四。夫人执二子手泣于枢前曰："未亡人不能宣吾夫之横逆，复夫之官。庠、序未有成立，终不葬此枢也。"于是专贞静居，命诸孤从贤师学。夫人于钦圣宪肃皇太后为从祖姑。钦圣闻其守志立节，又怜二子白身，首思官庠，庠以逊序。兄弟力学能文。崇宁初，偕贡礼部不第。庠谓序曰："吾弗隐，谁侍吾母？汝弗仕，谁大吾门户？"已而，庠以侍母，凡十一次坚辞聘诏。序两献文入等，稍迁都水监丞，治塘堤有劳，三岁五迁，至朝奉大夫，遂封赠潜夫朝奉郎。二子泣请于夫人曰："母之教子，志已成。父之官已复而有加矣，庶可葬乎？"夫人许之，既而完窆而夫人亦殁，遂合祔为焉。夫人之懿行孤节，冯瀚既志而铭之。又谓潜夫为前辈，瀚不及见而知之，盍求于潜夫同时伟人，纪其详以信天下后世。庠、序以书求曰："唐人志铭，子孙不得柳公权笔。以为不孝，昔者先君子从交于吾乡先生无尽公，诗编简牍秘于私家者俱存也。先子之平生，及其诬服抵罪，乡先生固知之矣。苟无一言之赐，则庠、序不孝之罪，于天何赎耶？"予叹曰："尔父之为人，吾与范蜀公、何济川深知之；尔父之得罪，吾与诸人尽尝扼腕。当不幸时，尔未克有知，予与诸人窃叹而无及焉。"今庠也太学定八行全备为天下第一，名芳于朝，又以从官之请旌为廉逊处士；序也以仕官褒显累迁大中大夫、擢徽猷阁待制知三城，又亲赐进士第。夫君子之泽，五世而斩。不质于人，必质于天，何必以吾文为之尽哉。无已，则天惠所作《双溪传》尽之矣。

　　传曰：无尽居士表其墓曰："予读邕传，见其文章直气，为奸邪所恶，诬以重罪，使吏评治，事出吏口，迫令手书，未尝不掩卷流涕曰：'安得宽平之人，使之治狱为吏哉。'以李邕之狱例之，则刻木画地，自昔为然。岂矢人不仁，出于其术。抑蝮蝎之性，异形而同毒哉。潜夫乐易急义人也，自殁之后，交游散失。后二十年，二子卓卓有立，能从冯长源、郑少徽、杨天惠求文以显亲之名，拳拳终不失予，予惟天之报施，至微而不可昧。屈于人者，天必直之；殃于人者，天必庆之。潜夫之名，方大而昌，亦何辨哉！"

宣和三年六月二十日，男廉逊处士、视朝散大夫庠；男正议大夫、充徽猷阁待制、知河阳军州事、充陕西河东河北路宣抚使司隋军转运使序 立石。

王梦易墓表碑

王梦易墓表碑局部

王梦易墓表碑碑帽

调查与研究

大宋故赠通议大夫王公墓表碑，原立于荣县城北富北乡王序塘村，1983年移至大佛寺。碑立于宋宣和三年（1121），为荣县现存最早的墓碑。碑通高3.90米，宽1.20米，厚0.20米。碑额为半圆形，额篆书"大宋故赠通议大夫王公墓表"。碑身刻由张商英撰文、李邦彦书写的碑文。碑座为石刻赑屃。王梦易墓碑是荣县尚存最早的墓碑。墓碑保存完整，惜碑文已风化几近无法辨识，所幸历代《荣县志》均录有其碑文。上述"释文"即据乾隆二十一年（1756）黄大本主纂版、嘉庆十七年（1812）许源主纂版之手抄本、民国十八年（1929）赵熙主纂的《荣县志》校勘。

王梦易（？—1086），字潜夫，荣州荣德县（今荣县）人。宋皇祐（1049—1053）年间进士。后调任绵州法曹（法官），升任青石令。因包拯推荐，授予右军巡判官。屡次为民昭雪冤狱，有政声，升授果州通判。当初，梦易父亲王伯琪，因主张盐税由人民与官户平均负担，而招致上司诬陷，抱恨而死。梦易力成父志，锐意盐税弊端革新，同样亦遭部刺史嫉妒，遂降职三级。后又罢职回乡，筑亭于双溪，名"归来"。元祐元年（1086）卒。梦易有二子王庠、王序。庠隐不仕，序赐进士官至光禄大夫，有政声。王家三代遂成就"义门王氏"美誉。

碑文作者张商英（1043—1121），北宋蜀州（四川崇庆）新津人。字天觉，号无尽居士。从小就锐气倜傥，日诵万言。最初任职通川主簿的时候，一天，进入寺中看到大藏经的卷册齐整，生气地说："吾孔圣之书，乃不及此！"欲著无佛论，后来读《维摩经》，看到"此病非地大，亦不离地大"，深有所感，于是归信佛法。后入仕，拜尚书右丞转左丞。宣和三年卒。赠少保。有文集一百卷（《宋史·艺文志》），已佚，《两宋名贤小集》辑有《友松阁遗稿》一卷。《宋史》卷三五一、《东都事略》卷一〇二有传。

民国赵熙版《荣县志》在收录碑文之后，有一段有注解性质的文字，亦录如下，以备稽考：

"墓在县东北四里凤皇山孙村龟趾，今立人家隙地。商英出入邪正之间，所谓有把茅盖顶，即能呵佛骂祖者也。冯澥上书废元祐皇后，皆附势趋风，无忌惮之尤，而庠、序以亲名托之，何哉？杨天惠，潼川人，熙宁三年进士；郑少徵，华阳人，元祐三年进士。"

大观桥牌坊铭刻

释　文

铭刻
大观桥
利物
济人
坊联
铭功思已往；
踵事待将来。
又
稳步不虞波宕漾；
题名还喜石玲珑。

"大观桥"拓片

"利物" 拓片

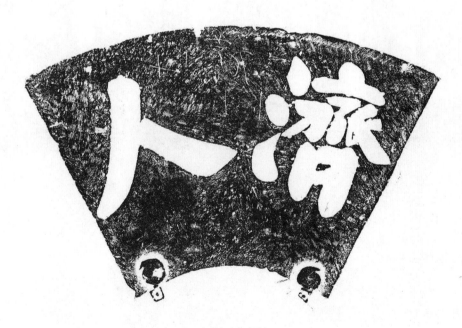

"济人" 拓片

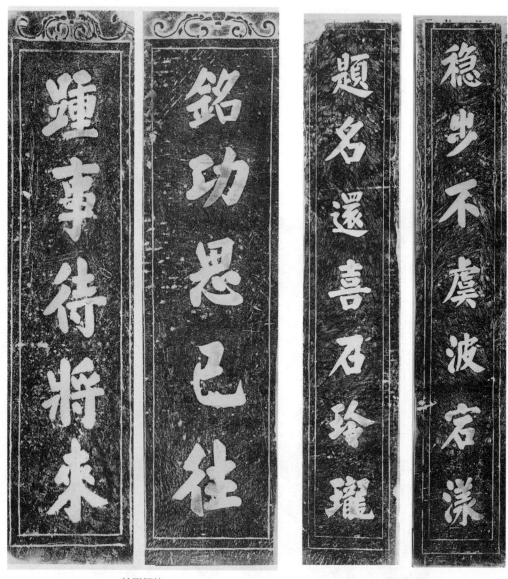

坊联拓片 坊联拓片

调查与研究

据《荣县志》记载：清同治十二年（1873），在荣县董家乡（现东佳镇）老筒车越溪河上建大观桥。今古桥无存，仅有桥墩可觅。在河右岸立牌坊纪念，坊以桥名，俗称老筒车牌坊。

牌坊为庑殿式顶，四柱三开间，通高6.65米，面阔4.4米。脊端有鸱吻，中柱、边柱前后有抱鼓石，明间额坊上浅浮雕刻有戏剧人物、花鸟鱼虫、村落民居等图案。左右次间门额饰以宝剑、书卷等。

　　牌坊明间字匾处阴刻"大观桥"三字，大观，取"盛大壮观的景象"之意。语出宋代范仲淹《岳阳楼记》"此则岳阳楼之大观也"。坊顶正中有龛，龛内阴刻"上谕颁行"四个字。两侧有对联，上联已风化，下联尚可辨识"万姓□徽猷"诸字。牌坊楹柱上刻对联两副，明间柱上联曰："稳步不虞波宕漾；题名还喜石玲珑。"次间柱上联曰："铭功思已往；踵事待将来。"副匾扇形刻"利物"和"济人"四字。匾额书法端庄磅礴，形神俱佳。雕刻精美，栩栩如生，令人叹为观止，展示着荣县石刻历史文化艺术之精华。大观桥牌坊是荣县仅存的两座古代牌坊之一，对研究荣县的人文历史以及雕刻艺术具有较高价值。2009年2月，其被公布为自贡市文物保护单位。

大观桥牌坊

胡公祠堂记碑

释　文

□□□□祠堂记

　　□□□□人也。初从方正学先生游，官侍郎，同殉建文难。尝读明□列传暨邑乘，而叹曰："公临难不苟去，抑所学得力于先生者。正故其道，行乎患难者。奇盖道造端于夫妇，合子、臣、弟、友四者，求其能一已足多矣。若公之弟众、夫人、小姐皆能审去就，同□□，□□孝，以推公之忠义于无穷。是行天下五达道而知仁□？□□□□，一门何学之盛也？"公殁四百年矣，郡人士犹慨慕弗□。□□□□，祠祀公暨其家人。爰度地凤鸣山脊，逾岁落成。祠右昆文昌宫，凡守土者，岁时同祭公之灵，其有所鉴乎！后之游斯祠者闻公之□，□公之志，以忠孝节义兴□□人相激□。□为正学□其传也已。

　　邑举人黄茂撰

　　光绪二十年春仲谷旦

调查与研究

　　胡公祠，原址在荣县曹家街，初名"耿忠祠"，后改名"崇仁祠"。清乾隆时，迁祠于文庙旁的明伦堂。光绪时，迁建新祠于凤鸣山钟鼓楼侧，俗称"胡公祠"。今祠毁。胡公祠堂记碑，刻石于光绪二十年（1894），碑现存于荣州碑园。记碑高1.90米、宽0.85米，碑上端右角有缺失。

　　碑文撰者黄茂，名黄书年，晚清举人、孝廉。

　　胡子昭（1362—1402），字仲常，初名志高。荣县东川沟（今东兴镇）人。方孝孺为汉中教授时往从学，蜀献王荐为县训导。建文初，与修《太祖实录》，授检讨。累迁至兵部左侍郎。因参与建文帝削藩，失败被杀。在狱中写下绝命诗一首："金声催击鼓声忙，监斩官追上法场。铬铁火烧红焰焰，钢刀磨利白茫茫。一身刑宪标冥府，九族

胡公祠堂记碑 　　　　　　　　　　胡公祠堂记碑拓片

伶俜各异乡。寄语朝中朱紫贵，铁人无泪也心伤。"据《荣县志》载：胡子昭被杀，女儿为奴，县内四十八家受牵连，胡姓之人改姓夏。一百二十年后始沉冤，追赠为太子太保、兵部尚书、谥号"文愍"。

　　胡子昭平反昭雪后，许多达官显贵，墨客骚人前往东川沟凭吊，留下了许多诗词。明代大理人李锐，任荣县知县时，作《东川胡公里》诗云："一代孤忠此地生，望中无处不伤情。鸟啼林谷悲春尽，云拥檐楹锁月明。碧血有灵抽劲草，青山万古护佳城。我才照影东川水，独倚栏杆抱不平。"明代县人曾三省《祭胡子昭》："呜呼！臣子于君，弟子于师，义等在二，生死以之。文皇靖难，公致其命，希有殉君，公嗣其敬。二百年来，忠魂黯然，圣人历服，明诏痛焉！曰修俎豆，曰录苗裔。祖武孙谋，善述善继。蜀有专祠，向以祀之，公出其门，宜列其傍。赫赫坤维，视此正气，日月精光，同流同溉。公也伯夷，弟也叔齐，另有褒表，公其慰兮。"赵熙有诗云："万古悬崖一径存，昔无名字凿云根。是寻胡子东川道，第一乾坤此石门。"

　　今东兴镇埂子村山丘上尚可见胡子昭墓碑，上书："兵部左侍郎，敕封明忠臣"。

义和团碑记

义和团碑记拓片

释　文

义和团碑记

将欲靖地方、弭贼盗、安良善，非保甲不为功，亦非富足不为力。我团自前首置业，始有起色。中遭滇匪军务，稳重息微。延至光绪丁酉，经首万彩麟、李戍春以余赀贰百玖拾肆串，买邓姓基业载粮五分，取稳钱壹佰串，岁收租谷肆石贰斗，土租钱贰串。行见积愈厚而势愈振矣！更冀为首者，凡非该团事不准假公挪用，则我辈之幸，亦前人之幸也！复恐团册失遗，因将在团原名并勒贞珉，永垂万古。

龚天照、徐宗云、刘绍宗、刘绍贵、李光玺、杨绍兰、龚大谟、杨希游、陈光耀、王勤武、万月春、曾智勇、刘绍芳、刘如钧、李光晏、邓正纪、蓝兆鹏、杨正固、陈三和、黄昌绶、陈九容、赖盛容、刘绍武、曹毓周、李文徽、王璨光、龚廷宗、杨甸章、刘恒秀、彭升、潘明茂、龚龙麟、刘绍明、曹毓仲、万文光、潘世栋、刘清海、杨正炳、王绍禹、刘本明、万代扬、刘金诰、邱文贵、曹毓玖、杨尔典、温仕学、刘炳传、杨正华、李世修、刘德龙、曹朋鳌、刘金选、刘玉衡、曹毓恺、吴文斌、温孔盛、刘炳章、杨正元、钟鸣斌、陈品豪、万斯礼、曾智溥、杨维性、万长春、罗开先、李元玠、刘廷彪、邹朋芳、李维常、曾应章、杨洪顺、彭昌贤、刘绍元、古荣光、僧觉慧、李元朝、曹怀文、朱昌宇、朱国文、黄昌盛、杨文元、陈维渲、龚居仁、吴文祥、刘奇相、李光照、彭应鹏、钟大林、黄昌化

置业中证：杨占春、刘宗芝、刘正举、邓钦选、彭席珍

大清光绪二十四年岁在戊戌润三月上浣立

李际康撰并书　张二兴刊

调查与研究

《义和团碑记》碑原立于荣县白庙乡（今属贡井区）白庙小学内，1985年9月荣县文物普查时发现，现陈列在荣州碑园。碑高1.45米、宽0.72米、厚0.10米，碑额阴刻"义和团碑记"5字，碑记竖刻，正文从右至左，4行，凡153字。光绪二十四年（1898）刻碑。碑文后附龚天照、僧觉慧等89人姓名；置业中证人杨占春等5人姓名；立碑时间；碑文撰书刊刻人姓名。

白庙小学，清末为二圣宫（又名关帝庙），光绪三十一年（1905）改设小学。据该校老年教师说，原先庙内还立有《义和团团规碑》，"文化大革命"中佚失。

碑记传递的历史信息，简述如下：

1. 荣县义和团活动的时间与区域：民国《荣县志》记载荣县义和团活动的时间是1905年，其范围限于荣县西南的新桥、东佳和老农一带。碑记的发现，说明荣县早在1898年（光绪二十四年）即有义和团活动，活动范围不限于西南，而扩展至荣县东南的白庙乡。

2. 白庙乡义和团成员构成具有家族性和广泛性：从碑记所附录的白庙乡义和团成员89人姓名中，隐约发现他们之中既有父子，也有弟兄共同加入义和团活动。其中曹姓即有毓周、毓仲、毓玖、毓恺诸人，他们极有可能是亲兄弟或家族中的堂兄弟。值得注意的是，在其成员中还有一个法名"觉慧"的和尚参加，说明白庙乡义和团成员构成具有社会的广泛性。

3. 白庙乡义和团具有严明的组织纪律约束：据碑记载，义和团的活动经费主要是买田置业，收取粮石租金。客观上要求其成员必须要有严明的组织纪律，对为首者则要求"不准假公挪用"。同时还附例"置业中证"人若干，把中证监督具体化、制度化，从而保证了活动经费使用的透明度。

唐枝中篆书碑

唐枝中篆书碑拓片

释 文

臣平乐土著，从事文史年卅有四，来川从大夫后于今念年。今临斯土，既及壹年，略无功德，建百垂诸久远。爰念：兴文事、奋武烈；安抚群庶、殄灭强暴；男乐其寿、女修其业；恩威所被、黔首相安；文明大箸、咸乐安平，庶于心始安。夫建功修德，劳心抚临，休自爰书之定，赏功论罪，称为明决，为臣遂可相称也。

署荣县事平乐唐枝中集《碣石颂》字□□，□□（章）

大清光绪二十九年岁次癸卯九月吉日立

调查与研究

唐枝中篆书碑位于二佛寺正殿右侧，嵌于墙壁之上。碑高2.10米、宽0.97米，为竖式。全文共7行，满行17字，字径0.08米，凡132字。正文全系篆字，落款为行书体。碑刻于光绪二十九年（1903）九月。

唐枝中，字薪传，广西平乐人，光绪癸未进士，光绪二十八年（1902）署荣县知县。民国《荣县志》称他"恂恂无市气"。

庙西赎地记碑

释 文

庙西赎地记

荣县钟星庆撰

文庙墙西空地，向由教谕署主赁。年远转替，界以无址，照例租入而已。去年秋，英美会禀洋务局择地，县中准购所造，遂得赵王氏业。学地四周，尽插签刻石，自划入堂址，告附近居民各速交契割地，不则经官拆屋。邑人汹汹，大恐。是时钦加同知衔、赏戴花翎、珙县正堂加五级纪录十次记大功四次、江苏陈侯熙辅为荣县，闻其事立商。其牧司数四坚执不允，侯理折而情开之者甚晰，始认改建。指定武侯祠近地，照契付值无阻。不尔，仍据学地。侯命星庆办理，期保全学址，勿撄士民之愤，乃集同事斡旋，所指地久而后定饬还学地。沱事，侯复札星庆，查学地广几亩、赁几户、租如干钱，筹赎订规垂永。遂勘自教谕署起，直抵城垣，右转大街为界。方约二百丈，而宿赁者五家，集人士斋宿所筹赎。赵王氏业外余，郝永昭、廖德卿、杨长泰均喜听赎。而蔬圃会龚万春称，该会顶买文庙右田庐愿捐入庙。唯此业向充城隍庙演剧之费，应禀裁免，佥敬其然。于是赎价共钱六百贯，社仓局借垫。除赵王氏业无租外，年入钱三千二百枚，由文庙两会平均拨给教谕署。侯命以完，星庆复查学署侧近赁幸坤元、龙曲江等六家，九摺屏黄凤兴等四家，泮水街朱朝钦宗祠一家，都十一家尽属学地。理维按户收赎，而款不给，一任照常纳租。则顶替之弊相，仍禀侯移知教谕。饬幸坤元等十一家来案取具，永远不准顶替出售切结，如敢故违，一经查确，指名具禀，立将房屋充入文庙立案。星庆非材于县务，不能奋泂扬大绩，惟事关至圣庙廷，而贤侯保持大局之盛心，曷敢或慢用，揽大概置之斋宿所□，埃宏达泂，君子发义焉。

光绪三十二年五月勒石

庙西赎地记

文庙西空地绵由教谕主赁年远帮替界以无凭照例祖入而已去年秋英美昌
洋务局择地县十准归所建迺得赵王氏学地四周垒栅创石自刬入堂然岳州近
居民各远交契割地不则须官斯屋邑人沟沟大恐是时钦加同知衔戴花翎洪
县亚堂加二级纪录十次记大功四次江苏陈侯熙辅为荣县闻其事立商其租不甫
坚裁不允侯理折而情开之者甚断始改建指定武侯祠近祖赁乐而祖不甫
据学地汽事侯复礼星庆查学地广几敢赁者五家集人士齐宿所筹赎自教谕
还学地汽事侯复礼星庆查学地广敢赁幾集筹赎勤自教谕
署超直抵城垣后德卿杨长泰均喜聪赎而疏圆会冀万春辞谈会顶买文庙石庭赵王氏
偿垫陈赵此业无祖外年入钱三千二百枚由文庙两会平均拨给教谕署镇以
祠一家都十一家蓝痭学地理维曲江等六家尤挪赎而執不给一任照常纳租则顶赁之辨相仍
里庆役查学署侧近赁十一家幸坤元等十一家录案取具永远不准顶替出售切结如敢故违一经
業超直抵城垣石转卿杨长泰均喜聪赎
禀侯移知敢谕饬禀侯立将房屋查明指名具禀侯保持大局之盛心昌散或愫用揽木大概宾之癣宿所
坚查确指名具禀而贤侯保持大局之盛心昌散
义焉光绪三十二年五月勒石

庙西赎地记碑拓片

216

调查与研究

《庙西赎地记》碑勒石于清光绪三十二年（1906），高1.53米、宽0.82米、厚0.20米。原立于荣县文庙内，1982年为县文管所收藏，现陈列于"荣州碑园"。

清光绪三十一年（1905），加拿大王雨春牧师在紧靠文庙之西的空地上（属于文庙庙产）企图强行修建福音堂。廪生钟星庆等联名控告，知县陈熙辅出面据理驳斥。在县人强烈反对下，王雨春只得改在清富山一带坟茔坡地（今县城北街小学东侧）修建。为防止类似事件发生，陈知县命钟星庆等查清文庙地产，"筹赎订规垂久"。以地方法令形式将文庙地产固定下来。次年，钟星庆将赎地经过及结果写成《庙西赎地记》，并勒石刻碑，立在荣县文庙内。此碑是近代荣县人民反对外国教会势力，捍卫中华文化并取得胜利的历史见证。

钟星庆（1871—1926），号云章，荣县人。其父钟仕魁诰授奉直大夫加五品衔布政司理问，先祖原籍广东，清初入川居荣县。钟星庆与赵熙、虞伯史甚契，以诗文相交，任教于县书院，管理地方教育及孔庙事务。钟星庆擅书法，原大佛桥头的"大佛桥"三字及清富山碑文等即出自他之手。民国《荣县志》称他："趾美庠序，能大君子之所议。"赵熙为他撰墓志铭。

五桂团团务局记碑

释　文

五桂团团务局记

美风东渐，民权开幕，辛亥之秋，蜀人揭竿。为海内率荣众继起，吾乡实先武汉响应，苏宁竟功。迄今淑气蒸蒸如日，南来春秋佳日，田畔聚谭，欢笑罔极。然无以记其事，虑无以持其礼。父老昆弟，谋之刘琪。琪曰：民权基于团，民团基于志。志固矣，权张矣。然必有其室，以为团之点而归。其事后之事，于团者，居其室，而触之事其记也。宁有涯父老昆弟皆悦乐，遂经始壬子冬延癸秋落成，名之团务局。中厅为办事处，农商学事务所坿焉。后有楼临流，面场宜酒食宜话桑麻，宜读月坐花，写丝竹而发清咏。登斯楼者，咸晏然生庆幸心。刘琪名之"晏如楼"，所以待后之记者也。

援省练团既监修人列□（名）

里人刘琪谨记

调查与研究

五桂团团务局记碑，原立荣县杨家场，刻石于民国二年（1913）。碑高1.65米、宽0.80米，现嵌列于荣州碑园。此碑记述了团务局的宗旨和建团经过，从这块碑还可推知当年荣县保路同志军北上成都攻打赵尔丰时杨家乡民众作出的重要贡献。

刘琪（1863—1928），号璞南，荣县人。一生淡泊明志，谨守农桑，俭朴有古人风，以授徒为乐。戊戌政变时，曾收留逃亡人士于家。宣统年间，被举为京议员，"耻不就"。四川保路同志军兴，曾率乡团数百人参加。辛亥革命成功，即散军归田。晚年在乡兴办初级小学。有1930年刻本《百谷王楼集》传世。

刘琪有《哭陈孔伯》二首并序，序文是"孔伯率民军与清防兵战于荣富井，为防兵所擒，以煤油烧杀之。"诗曰："秋风吹雨暝疏林，萧寺逢君一契深。江海十年醒旧

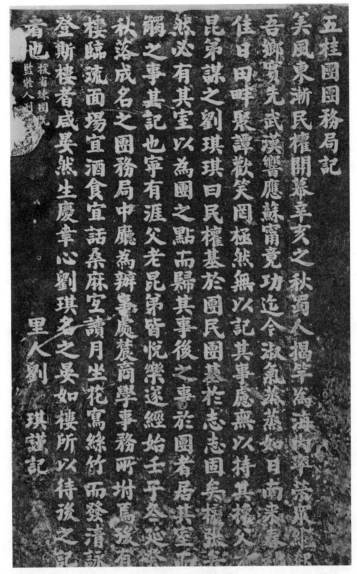

五桂团团务局记碑拓片

梦，烟尘万里撼初心。天留劲草支残局，火烬焦桐作苦吟。卅日骊歌清在耳，戎装回首泪难禁。"又："炮火隆隆艾叶滩，侧身东望魄先寒。如斯志士天偏窄，遮莫支那局已残。雨雪方殷枫叶老，溪山无奈雁声酸。羯奴末运余殃在，惨作千年碧血看。"陈孔伯，井研人，留日学生。1911年9月，陈孔伯率同志军在贡井艾叶滩荣富井与清军激战被俘，清军以煤油烧之，壮烈牺牲。

此君轩记碑

释 文

此君轩记

荣之城五山焉，而凤鸣为镇，旧云山多竹，有凤来集，故名。据欧史所识，盖当王蜀时矣。宋建嘉祐寺，寺僧祖元，高人王周彦兄也。善琴，能抚东坡《醉翁操》，居寺之霜钟堂，辟轩曰此君。黄山谷三题诗，先后载集。清祀文昌，为试士之所，嘉庆中县令许源稍葺之，晚清改学堂。而山无一竹，有罗汉松轮囷合抱，殆数百年物，国变后幸不灭。甲寅秋，知事萧君云浦、县士马君义宣、蓝君策勋、严君章森、廖君肇修、张君养源醵金以规其旧。传曰：世之治也，言刑善也。诸君于八百年后，发思古之幽情，保兹嘉树，有宋文采风流永矣。以爱古者爱今，而相和相睦，仁者有事焉，故记之谂观者。

赵熙撰

调查与研究

《此君轩记》碑刻于民国三年（1914）。碑长1.85米，宽0.86米，字径0.04米。行文从右至左，为横式。碑文24行，首尾各1行，共8字，其余每行10字，共220字，全文共228字。碑文收入1996年《赵熙集》。碑现藏荣州碑园。

此君轩，北宋嘉祐寺僧王祖元建，宋代大书法家黄庭坚曾为此君轩题诗，诗碑明代犹存。意取王徽之"何可一日无此君"之语（刘义庆《世说新语·任诞》）。此君，即竹子。

记中所及东坡《醉翁操》，乃宋元丰五年（1082）苏轼应庐山道人崔闲之请，于黄州依沈遵琴曲《醉翁操》所填写的一首词作。黄山谷，即黄庭坚，字鲁直，号山谷道人。北宋书法家、文学家。诗书画与苏轼齐名，人称"苏黄"，著有《山谷集》。许源，清代人，字汇泉，湖南湘潭人。清嘉庆时出任荣县知县。主纂有《荣县志》。

此君轩记碑

此君轩记碑拓片

　　赵熙尚有《此君轩记诗》五首，诗云："宋代地传嘉祐寺，元师手问此君轩。题诗有幸逢山谷，好古何人到许源。"其二："试院全规改学堂，人间随事有沧桑。十年掌固三朝记，尊酒花前说故乡。"其三："老树非松强号松，功成罗汉有真容。此生合作遗民看，曾听霜钟堂外钟。"其四："城北城西一带山，树梢曾叠入晴兰。清风不满王猷舍，绿玉从栽竹万竿。"其五："菊花香里醉荣州，老我京华误白头。喜为诸君传韵事，此君轩记甲寅秋。"

六吉祠碑记

释 文

郭氏，威远甲族，高赀，多材贤。其年尤长、望尤尊者，曰近思，名宏典，治商嘉定、威远、资中，皆有肆。而身主办荣县三十年，调剂有无，捐所得利三之一，四乡翕然称便。近思一日进弟侄曰："吾老矣！吾先人创业垂家，吾子孙世世无寒饥之累。维威远、资中有祠，以妥先灵春秋得虔其祭。荣威古同境而治，堂除絜修，傥以祀考彦珊公，如礼所称祢庙者，义其可？"佥曰："幸及公举其事，甚善。"于是定规诒则，视熙为之辞。余为君子祀其亲，非苹蘩蕰藻之是供已也，孝以养志为大，食先人之泽，煖衣饱食，终日逸居，荡然弗耻，为游民，世繁而产不增，虽江海亦涸，昧者甚即慆淫，祖祢有灵，当恫心于地下矣。郭氏世以厚德闻，近思又娴家范克光前典，后之人各勤所事，兢兢焉去奢而崇俭，惟败之惧，《诗》不云乎："无忝尔所生"，《记》曰："一家仁，一国兴仁"，其业既永昌而勿替矣，以事神，神其绘之。近思曰："吾意也，请书为六吉祠碑。"

乙卯秋，荣县赵熙记。

六吉祠碑记之一

六吉祠碑记之二

六吉祠碑记拓片之一

六吉祠碑记拓片之二

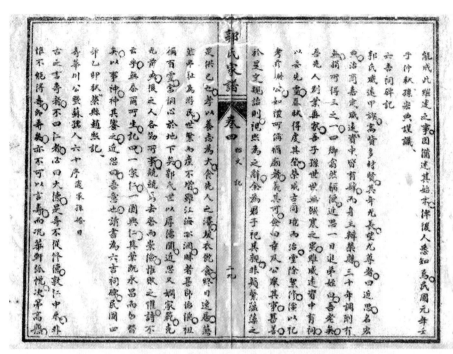

民国十一年（1922）《郭氏家谱三编》卷四影印

调查与研究

六吉祠碑记碑刻于民国四年（1915，乙卯）秋，共2块，大小相近，分别为0.93×1.78米、0.93×1.85米，字径0.09米，共16行，行文从右至左，碑刻为立式。荣州碑园"碑介"题为"郭家当铺碑"。

因碑板风化、破损，有多处文字被损。本篇释文据民国十一年（1922）《郭氏家谱三编》卷四补录。从《郭氏家谱》可知六吉祠为郭氏祠堂，故重拟碑题为《六吉祠碑记》。

据《荣县文史资料》记载，清光绪初年，威远郭氏兄弟来荣，用三千两白银买下韩老陕在荣经营的当铺，在各乡设"代当"，后又在资中、乐山设致祥号和福新号，"利取扬州月二分"，成为荣县首屈一指的巨富，后衰落。郭宏典，按察使司经历，加捐同知，赏戴花翎，授奉政大夫，字慎之，号近思，理事精细，不尚虚华，经营数处典当，数十年毫无遗失。咸丰壬子（1852）生，民国辛酉（1921）卒，寿七十。

赵熙撰题的"六吉祠碑记"成为这一时期荣县典当业的实物见证，也是赵熙书法的精品。碑现藏荣州碑园。

售粥代赈记碑

售粥代赈记碑

戊午榮縣饑蔬盡食穣穣盡食白土羣士閟焉售粥以代

賑分區治廠各襄一職而宋君靈儒始終之暑雨蒸炊晨

午督察人甲其勤集貲勇駐縣之軍亦解橐助焉事

餘錢二千一百二十冊懲保存之難置如干地歲入穀一

石錢三冊腰棚地租八冊儲為善舉益清時丁文誠公督

川安縣設義倉是年軍無餉括賣之故荒無食白土白

土者胭質也唐武德宋元豐閒食者多腫死然無瘦爭掘

恐後償無宋君黠者盜懇者覓食一詐而事濟迴知人無

不仁在感不感耳一人仁斯治矣一時仁時仁時

斯長治矣天下之大可即一縣諭之非裏宋君也圍變後

無日不亂亂之道不仁而已矣思轉亂以為治治之道人

人仁時時仁而已如不仁不信請觀是石趙熙記

售粥代赈记碑拓片

释 文

戊午，荣县饥。蔬尽，食糠，糠尽，食白土。群士闵焉，售粥以代赈。分区治厂，各襄一职，而宋君灵儒始终之。暑雨蒸炊，晨午督察，人印其勤，集赀弥勇，驻县这之军亦解囊助焉。事竣，余钱二千一百二十贯。惩保存之难，置如干地。岁入谷一石，钱三贯，腰棚地租八贯，储为善举。蓋清时丁文诚公督川，每县设义仓。是年军无饷，括卖之，故荒无食，食白土。白土者，膻质也。唐武德、宋元丰间，食者多肿死。然无法，争掘，恐后倘无。宋君黠者，盗恚者毙矣。一呼而事济。乃知人无不仁在感不感耳！一人仁，人人仁，斯治矣。一时仁，时时仁，斯长治矣。天下之大，可即一县谂之，非表宋君也。国变后，无日不乱，乱之道，不仁而已矣！思转乱以为治，治之道，人人仁，时时仁而已！如不信，请观是石。赵熙记。

调查与研究

据《荣县志》载：荣县自乾隆以来，设有常平仓、济仓、社仓和积仓。清末民初，储粮为全川之最。1917年，川军刘湘部驻荣，口称军饷匮乏，将绝大部分储粮拍卖，致使第二年青黄不接时，荣县大面积出现"食蔬、食糠、食白土"的悲惨情景。因当年未出现大的自然灾害，政府无救济之责，而"群士闵焉，售粥以代赈"，此碑不仅可补史之缺，还是赵熙书法碑刻的精品。

《售粥代赈》碑刻于民国七年（1918）。碑长1.68米，宽0.86米，厚0.12米。碑文楷书，字径0.05米，竖行，行文从右至左，碑为竖式，满行22字，11行，尾行18字，共260字。1991年4月，县文管所在富北乡宋家坝黄姓村民家征得。碑文收入1993年《荣县志》。碑现藏荣州碑园。

王天杰烈士祠碑

释　文

碑阳面

王烈士传

荣县杨叠撰　刘翌道书

　　烈士名天杰，字子骧，荣县王氏。城南二三里有阅其门者，其世居也。有清初叶，王氏繇楚迁蜀，遂代为荣人。孝弟力田之化，垂二百年，益繁其族。

　　烈士笄丱之始即腾踔，有声于时。清季多故，民党初基，大义虽揭，人怀恐惧。冠带之伦，凛然以钩党诫其家人子弟。烈士独潜结同盟，日即驰驱。蜀故僻左，四方之士罕至，川南数县，荣尤山陬，为党士所宫，烈士实为之缢毂。举斩揭犯难之事，无不訏谟自出，而名遂彰彰矣！

　　辛亥七月保路事起，烈士以荣县发难，传檄近县，旬日之间，闻风而景从者，如扶摇之持平沙也。因暨同党，领义士二万

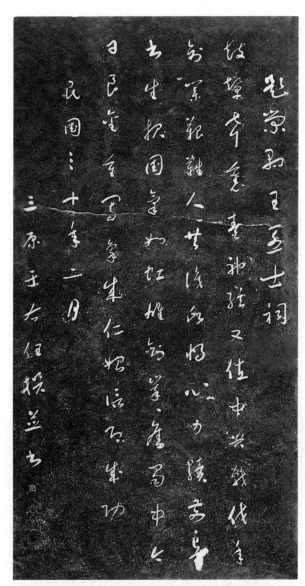

王天杰烈士祠碑之阴面《题荣县王烈士祠》拓片

趣成都，与清军战于华阳之野，推锋而前，兵及隍池。会联军挫衄，乃全师驰归。

至八月辛丑逐清吏，别署同志，一新政令，首义实先天下。逾月武昌义旗，建民国事大定。客有说烈士屯兵成渝以观天下者，烈士义不当途，寝其议，故事建而功不焰於遐方。

其明年，秉命释兵，方斥家资数千金散其部曲，而袁氏佩德，於癸丑秋潜谋帝制。西南各省橄州县申讨，烈士仓卒之间再以兵应，及袁军劲旅会战荣西白石之阿，死丧过当，弹尽援绝。乃衰亡散，得二千人，走巴渝，次永川，诡为袁军所获。见戕时，年才二十有三。其死也，无一语及他事，唯谆嘱善视其众而已！袁军在荣者并籍其家，搜牢不遗一物。

烈士丰肉且庠，性冲穆，无崖检，无论同党肾爱善之。家故高资，而不靳与人。妻赵淑仪能弼赞其行，先烈士卒；子成家、汉家均蚤世；女哲明适大邑。且孙辉槐，依继室赵懋渠抚字以存。

今距烈士之死已二十有八年矣，因专祠成，椎轮之勋惧久而湮，乃传是生平待国史之稽。

赞曰：大魔炀灶，修夜不旸。朗朗莹兮，新磨铁枪。羌众雌而无雄，若微君之倡，不知几人称帝、几人称王！仁不苟生，义不乖方。碧血开元，空谷芬兮都梁。

民国三十年春三月建

石工段志和、阳玉华刊

碑阴面

题荣县王烈士祠

鼓鼙声里奏神弦，又值中兴战伐年。

创业艰难人共识，愿将心力续前贤。

书生报国气如虹，雄剑举举旧蜀中。

今日良金重写像，成仁始信即成功。

民国三十年二月　三原于右任撰并书

调查与研究

王天杰烈士祠碑在原荣县富南乡波罗村王家坝烈士故居，为便利保护已由荣县文物管理所于1982年12月搬迁至大佛寺，筑亭保护。

王烈士传

烈士名天杰字子骧荣县王氏城南二三里有关其门者其宣讲者其世居也有清初叶王氏县楚还蜀

民党初为基大义雏揭田之人怀恐恩冠垂二百年益嫁其族烈士诚其邠之始即腾蹄有声于时清季多故刘垫道书

遂代为荣大义弟力揭田之化垂二百年益嫁其族烈士诚其家人弟烈士建为之缙鼓斩新县司揭即犯故

驰驱蜀故俾左讨于四方之士出而军至川南带之伦凛熙以钩党为事士所家人子弟烈士宫以荣县发难传撤众斩近县冷首之

难之间风而前兵及陷池会旗军挫平沙画画全师驰归路义士二烈士超起以荣县与清军战于华阳

野之间推锋而天下事蹉跎昌不义焰建军之搏平沙画其明年辛亥七月同党士起事宫烈士亦义不佣当

义霙寔先谦故事建帝制西南画其事明年申讨烈士命说烈士方所兵成逐渝以兵别天下者烈士亦义氏佣当

塗覆于石之阿死曹遇当弹撽各省邀民国事明申讨烈士仓走巴渝次军在荣诈为袁军所获见执不

德于发丑秋潜谋而制西南尽于连民国事其已散得二千人众而已故高贲而不断与人妻赵抚字以

遗一才二十有三其宛也性成穆语及崖事唯谆嘱同党善视其家善之且家孙辉迺传其生平待国史之稽

丰西白石物烈士李子冲家汉家因世女抵明适大邑而故室赵恋渠抚字以

存曰今距烈士之死已二十有八年夫新庙祠成椎轮之勋虽久而湮迺传其生平待国史之稽

能弥赞其行先烈士李子冲家汉家因世女抵明适大邑而家故室赵恋渠抚字以

贤曰大魔场窜澥于血雄若微君之倡不知几人稱帝发

人稱王仁不尚生义不乖方碧血渺兮元空谷芳兮都梁而

民国三十年春三月建

石工陈生祥刊

王天杰烈士祠碑阳面《王烈士传》拓片

王天杰烈士祠碑　　　　　　　　　　　王天杰烈士祠碑全景

王天杰（1888—1913），字子骧，四川荣县人。清光绪三十二年（1906），加入同盟会。宣统三年（1911），任荣县民团训练所督办。同年五月，清政府宣布铁路国有政策后，他受同盟会委派与龙鸣剑等参加了四川的保路运动。龙鸣剑病逝后，他率余部转向荣县，刚从日本归国的吴玉章前来主持四川同盟会工作，王天杰与吴一起率军夺取荣县政权，1911年9月25日建立革命政府，宣布独立。四川光复后，任临时省议会议员，二次革命时响应讨袁，不久重庆告急，兼程赴援，在永川被俘牺牲，时年25岁。

民国三十年（1941）荣县修建王天杰烈士祠堂，并树碑立传。王天杰烈士祠碑通高2.7米，宽1.52米，厚0.32米。碑阳即为由县人杨宣（字允公，荣县河街人。1906年10月，由熊克武主盟加入同盟会。1911年，同龚郁文、王天杰等商议起义大计，是《川人自保商榷书》的起草人之一。）撰、刘翌道（不详，待考）书刊刻的《王烈士传》，半圆形碑帽篆勒"铭德扬休"四个钟鼎金文。碑阴是国民党元老、监察院长、著名书法家于右任先生的七绝二首《题荣县王烈士祠》。

同心桥摩崖石刻

释　文

大□□□□□□□□□□□□（中华民国三十一年乡长钟文楷建）

同心桥

荣城通同心乡，鸟道崎岖。运煤为生者，每日六七千人之众。苦力马牛杂遝，吁嗟载道。余乃筹□（聚）民工，辟筑公路，计工程万余，卒化悬岩峦石为坦道，称为同北公路。尤以关门石、观音庙一带削括建桥工程艰巨，因名同心桥。是路之成，端赖同心乡乡长钟文楷之坚苦□（督）率。此外如区长陈颜湘，技工赵炳明与□（附）北乡长朱志诚及保长李凤高、李开荣、朱松楷、赵志君、吴□□（良玉）、张□□，□□（士绅）吴晦西、林烈光、黄树堂等均与有大力焉！当此抗战建国大时代中，倡导建筑乡村公路，荣县实居全川之首，现已完成□□□（三十四）路。而同北路更为处女□□，□（冀）后者咸以创造之艰苦而□（脉）继，续培修以愈臻畅，则利□□□（无穷焉）。

荣县县长佛□□□□（生讳希濂）撰□（铭）【印】。

调查与研究

同心桥摩崖题刻位于荣县旭阳镇大井村2组与马石村3组交界处的洛阳溪崖壁上，石龛纵1.08米，横4.06米，从右至左阴刻，距目前淤泥高约0.75米。

题款字迹明显被钻子凿损，几近磨灭，经反复辨认，基本成文如是。据此，摩崖题刻勒石于民国三十一年（1942）。正文"同心桥"三字字迹完整清晰，为楷书。"同""桥"两字字径均0.70米，"心"字字径稍小，为0.55米。字深约0.08米。铭文为隶书，共11行，约234字。有多处被凿损，最末有2行约6字有整齐长方形凿损。总体而言，保存较为完整，文字清晰，可辨识者约占90%。尾款1行，可辨识者7字，外加印章图记1枚。亦如铭文一样，有一处约3字整齐长方形凿损。

同心桥摩崖石刻局部

同心桥摩崖石刻

234

同心桥

题刻落款为"荣县县长佛生讳希濂撰铭",黄希濂(1905—1951),资中县归德乡人,字佛生。民国三十年(1941)五月,四川省政府委任黄希濂为荣县县长,至民国三十四年(1945)四月离任。

"同心桥"题刻的发现有着一定的认识意义,铭文中的"抗战建国"是国民政府依托西南、西北大后方持久抗战之国策,如自贡建市就是增强抗战建国动力之决策,的确是那时的"大时代"。题刻文字开头即点明"同北公路"这是一条传统的运煤道路,"运煤为生者,每日六七千之众",这与贡井西场煤源主要来自荣县有关。如果此分析成立,拓宽改建此路就与川盐"增产赶运"有关。抗战中大后方的公路建设都直接与战事有关,不是一般意义上的修桥铺路善事。从这个意义上说,此桥及摩崖题刻正是荣县人民支援抗战的重要实证。

据当地村民讲,上次题刻露面,已经是2012年的事了。雨季一到,河水水位上涨,题刻又将淹没在无尽的森森水中,难见天日,任其浸湮无存。希望相关职能部门,能在下次枯水期抓住时机,从专业的角度,对题刻做出更深入的考察分析,影像固化,拓片存真。

荣县各界纪念七七抗战碑

释 文

□□□□（荣县各界）纪念七七抗战阵亡将士、死难同胞文

　　□自逊清，积弱丧权，演成百年来之祸□耻辱。我总裁蒋公中正秉承总理孙公中山之志业，领导国民革命，摧军阀、肃封建、布新政、建新军，奠定复兴基业。而日本帝国主义抱灭绝中华之野心，九一八、一二八、五九、五三侵略迭乘。我国民政府励精图强，尽寿国是，延至廿六年七月七日，而和平终于绝望，全民抗战，忠勇奋发，愈战愈强，迄今七载，举世尊崇，胜利在握。

　　我千万将士效命疆场，忠勇奋发，万钧雷霆。或冲锋陷阵，以血肉与毒弹相拼；或苦斗鏖战，为要塞与据点争存；或奔走救护而尽瘁、或游击输运以捐生、或捍卫乡里而遭屠、或僇力职责以成仁。火光血泊，炳耀精神为宇宙热力，凝成华胄精英。碧血铸山岳，丹心耀日星。浩然正气，永振群伦！

　　哀我战区，横罹凶残：劫载儿童，仇杀青年，奸虐妇女，轰炸黎黔。血肉匝地，火光灼天。毁千家于俄顷，粉万骨于瞬间。哀号惨怛，天崩地裂。幸脱余生，如堕地狱，爷娘儿女，生杀予夺。仰伺房颜，俯难自顾，拼死不得，求生弗获。幼童输血，少女恣乐，注以毒针，祭生埋活，惨绝古今。风悲日曛！嗟我黄帝之子孙，群被凌辱蹂躏，而欲计难胜，死者固裂眦饮恨而不暝，生者亦永恸失骨肉恩爱之至情。念兹血债深仇，能不五内如焚。

　　同人等身处后方，心驰前敌。怆怀忠烈，何以为慰？忧乐兴亡，责任所寄，惟尽后死之责，同伸敌忾之义，踏殷红血迹而挺进，承炳耀志业以淬励。抗战建国，必胜必成，岂碑勒石？亿兆同心，千秋永酬，勋烈万世，同奠英灵。青天白日，荣旌飘扬，掬诚布悃，敬礼国殇！

　　荣县五十万民众同叩

　　荣县县长黄希濂敬撰

　　民政科长郭　敦敬书

　　大中华民国三十二年七月七日立

荣县各界纪念七七抗战碑

荣县各界纪念七七抗战碑拓片

调查与研究

　　民国三十二年（1943）7月7日抗战纪念日，荣县政府在城内体育场集会，各界共祭抗日阵亡将士及死难同胞。县长黄希濂敬撰祭文，在会上慷慨诵读。会后勒石为碑，立于体育场"七七"抗战纪念亭内。1982年，扩建体育场后，为县文管收藏，现嵌列荣州碑园。碑高0.8米、宽2.1米、厚0.1米，字径0.03米，时任县府民政科长郭敦以隶书书丹。

　　黄希濂自幼聪颖勤奋，学业优异，在资中县立中学校学习4年，每年均获全额奖学金，毕业后回乡当小学教员。民国十五年（1926），考入北京大学。次年春加入中国共产党。其间，任北大学生自治会主席，与李大钊、陈独秀、鲁迅、吴玉章时有往来。在校期间，他还加入青年励志社，希望自己将来报效祖国。民国二十一年（1932）毕业后，在北京大公中学和铁路大学任教。同时，与友人筹建北京大学出版社，黄希濂任社长。范长江等进步青年常向该社投稿，他与这些进步青年关系甚密，曾数次同去各省游历考察。

民国二十八年（1939），黄希濂任四川达县专员公署秘书。次年，任四川省地方行政干训团教官。时蒋介石在全国倡导新生活运动，推行新县制，组织县长甄审考试。黄希濂被推荐参考，在答卷中，详呈革新观，以最高分入选县长。蒋介石和当时的四川省政府主席张群还为此亲自接见了他。

民国三十年（1941）5月，四川省政府委任黄希濂为荣县县长。他刚到任即向全县各界人士宣誓，立志三年建成全国模范县，并在县府门墙作两幅大壁画，题写："荣州上下，努力建成模范县；抗战前方，争取最后大胜利。"

黄希濂在荣县当县长的四年任内，千方百计筹集资金，大搞市政建设。先后修筑了荣（县）威（远）公路和各乡村公路，修建县城南、西、北门大桥，扩建公共体育场，辟三荣公园等。他还相继创办了荣县师范、荣南中学（五宝）、凤鸣中学（乐德），在原有14所乡镇中心小学基础上，又增办34所。几年中，举办三届运动会，又在春节组织各乡龙灯进城比赛。

民国三十三年（1944），张群在国民参政会上，专题宣扬荣县推行新县制的巨大成功，成渝各地新闻媒体也纷纷撰稿赞扬荣县不愧为推行新政的模范县。经张群推荐，国民政府批准，耗资96万元（法币），由美国摄影社来县摄制模范县新闻纪录片。这在荣县的历史上是破天荒第一次，时至今日，在老一代荣县人心中仍留下了难忘的记忆。

黄希濂为政雷厉风行，大刀阔斧，在大搞建设上未免有"劳民伤财"之嫌，也引起了部分民众的不满。但他当算一位能力突出、有作有为，绝非尸位素餐之人。鼎革之后，他被镇压，时年46岁。

碑文首叙日本帝国主义灭绝中华民族的野心，激起"全民抗战""愈战愈强"。次叙前线将士英勇奋战"碧血铸山岳，丹心耀日星"的豪迈气概。接着揭露日寇暴行，"念兹血债深仇，能不五内如焚"。最后表达后死者"踏殷红血迹而挺进"之志，以及荣县五十万民众对抗日阵亡将士及死难同胞的深切哀悼，"同奠英灵""敬礼国殇"。碑文书法行云流水，畅达淋漓，足可见作者的用墨之功。

荣县地方法院募捐碑

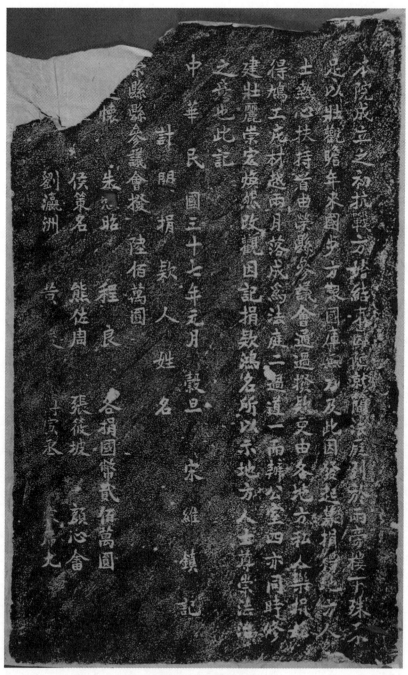

本院成立之初抗戰方始結束際間滿庭列於兩家樓下珠二不是以壯觀瞻年來國少方製國庫空乏及此因發起募捐名所人人土熱心扶持首由學縣參議會通過撥款更由各地方私人集捐得鳩工庀材越兩月落成為法庭一過道一而辦公室四亦同時修建壯麗崇宏煥然改觀因記捐款鴻名所以示地方人士尊崇法之盛此記

中華民國三十七年元月穀旦　　宋維鎮記

計開，捐款人姓名

榮縣縣參議會撥　陸佰萬圓

朱　照　　程　良　　各捐國幣貳佰萬圓

侯策名　　熊佐周　　張徵坡　　顏心畬

劉瀛洲

荣县地方法院募捐碑拓片

释　文

本院成立之初，抗战方始结束。因陋就简，法庭列于两旁楼下，殊不足以壮观瞻。年来国步方□，国库无力及此，因发起募捐，得地方人士热心扶持。首由荣县参议会通过拨款，更由各地方私人乐捐，得鸠工庀材。越两月落成，为法庭二、过道一，而办公室四，亦同时修建。壮丽崇宏，焕然改观，因记捐款鸿名，所以示地方人士尊崇法治之意也。此记。

中华民国三十七年元月　穀旦　宋维镇记

计开捐款人姓名：

荣县县参议会拨陆佰万圆

□□（余述）怀、朱□昭、程良各捐国币贰佰万圆

□□□、侯策名、熊佐周、张筱坡、颜心畬、刘瀛洲、黄俊、□寅丞、宋席九

调查与研究

据《荣县志》（1993年版）载："民国三十四年（1945）十月，建立地方法院，内置法、检两方，分别行使检察权和审判权"，这一记载与碑文首句相符。

荣县文物管理所将此碑定名为"荣县地方法院成立碑"，不确切。应定为"荣县地方法院募捐碑"，似乎更为准确。是碑勒石于民国三十七年（1948）。捐款人中余述怀、侯策名、熊佐周、张筱坡、颜心畬、刘瀛洲等，均是自贡盐场风云人物，他们"尊崇法治"，慨然乐捐，这应引起人们的重视与研究。但从拓片上却看不出他们的捐款数，只好存疑了。

后 记

　　从古至今，人们镂金刻石，把官方或民间的重大事件雕刻于石头之上，代代流传，这样的"石书"就成为了历史事件最珍贵的记载，成为一种永恒的文化记忆。自贡盐场开发历史久远，它是我国文明史中盐业发展的重要地区。明清时代是自贡盐业蓬勃发展的时期，盐业生产技术的成熟，带动了社会各个方面的发展，同时盐政设施、盐法制度、盐业建筑、寺庙也得到迅速兴起，以及出现了大量记录与自贡盐业发展状况相关的碑刻。本书所研究的这些碑刻，作为明清近代自贡地区盐业文化重要的遗存，为文物研究提供了有证有物的基础材料，碑刻蕴含着大量的历史信息，为我们研究自贡盐业的生产状况、盐业管理、盐法盐政、盐业建筑等提供了非常珍贵的史料，一定程度上弥补了文献史料的不完整。

　　碑刻就是图形与文字的书写，是一种特殊的文化遗存；它亦是历史资料，蕴含着历史的变迁，见证了多年的沧桑。这些碑刻具有证史补史的作用，对我们更完整认识和了解当时的自贡历史有很大的帮助。同时，承载着丰富文化价值的碑刻资料又是我们进行学术研究的一个重要切入点，通过对这些珍贵的文化遗产的研究与阐释，可以加强、修正、提高、完善我们对历史的认知。本书对于自贡盐业碑刻的研究方法，是在继承传统金石学的"录文字、作考释、归纳实例"的基础上，再结合艺术学、历史学相互综合进行探析研究，拓展其深层文化及艺术价值。通过对自贡盐业碑刻的研究，充分挖掘其历史文化内涵，可以让我们对自古以来的盐业发展有更为系统、深入的认识，达到传承历史、建构地方文化自信的目的。

　　总之，我们挖掘这些蕴含着大量历史信息的宝贵碑石资料，在很大程度上弥补了传统文献史料的缺失，对于研究自贡盐业历史，传承祖先留给我们的一笔丰厚的文化财富，具有重要价值。

　　本书的顺利完成及出版，历时一年多，在两位作者的协力下，即将划上句号。首先，这有赖于陈述琪老师大量的实地调研考察，感谢陈老师的用心和用勤，从大量的田野调查中搜集了珍贵的一手史料。陈老师对于自贡历史、自贡碑石碑刻的研究成果丰厚、积累深厚，其勤奋、严谨、专注的学术精神值得学习。其次，感谢中国盐文化研究中心的曾凡英教授为本研究所提供的帮助和支持。再次，感谢为本书无私提供大量图片的自贡市盐业历史博物馆、自贡市古迹遗址保护协会，以及杨宗翔、缪自平、钟永新、胡强诸位先生。最后，感谢曹念老师提出的许多宝贵建议，曹老师作为自贡本土文化领域的专家，学识渊博，为本书的撰写建言献策，贡献其智慧，让本书的行文思路及研究细节有了更为丰满的羽翼。

　　有关自贡盐业碑刻的古代文献浩如烟海，本书所研究的碑刻也仅仅只是自贡盐业碑刻的一部分，本书尚有许多不足，有待补充或提高，对于自贡盐业碑刻的研究工作还远远没有结束。所存的不周之处，还请各位专家、读者予以指出。

彭雨禾
2022年7月于成都